Zeit für London

Metropole für Entdecker und Genießer

Karin Hanta · Christian Heeb

BRUCKMANN

Inhalt

Seite 1: Über den Dächern von London – OXO Tower Bar & Brasserie. **1** Willkommen im Hotel Mandeville! **2** Gitarren im Honky-Tonk-Zimmer im Pavillion Hotel. **3** Jetzt schon eine Rarität: die rote Telefonzelle. **4** Nobel unterwegs im Bentley. **5** »Cheese!«, sagt auch der Bobby. **6** Verschnaufpause im Regent's Park. **7** Kuriose Toiletten im Restaurant »Sketch«. **8** Welche fotografische Ausbeute brachte der Tag? **9** Antiquitätengeschäft auf dem Portobello Market. **10** Psychedelische Taschen in Camden. **11** Moderne Glasarchitektur am Cardinal Place.

Vom Queen's Walk am Südufer der Themse genießt man einen der prächtigsten Blicke auf die Parlamentsgebäude und den Big Ben, Londons wohl bekannteste Wahrzeichen. Nachdem die »Mutter aller Parlamente« im Jahr 1834 abgebrannt war, ließ Architekt Charles Barry 1860 hier seinen neugotischen Phantasien freien Lauf und kreierte eine Gebäudeflucht, die vor Zinnen und Türmchen nur so strotzt. Wer glaubt, dass mit dem Namen »Big Ben« der gesamte Uhrturm gemeint ist, liegt weit daneben. Er bezeichnet nur die dreizehn Tonnen schwere Glocke, deren stündlicher Schlag von der Rundfunkanstalt BBC in die ganze Welt übertragen wird. Wer die britischen Politiker bei der Arbeit beobachten will, sollte sich in der Früh vor dem St. Stephen's Gate anstellen. Die Fragestunde an den Premierminister findet jeden Mittwoch von 12 bis 12.30 Uhr statt. Die Parlamentsabgeordneten üben sich dann keineswegs in vornehmer Zurückhaltung. Es können schon einige verbale Fetzen fliegen!

Ganz London ist eine Bühne

Von historisch bis hip – die Metropole bietet alles

London setzt sich aus Dutzenden geschichtsträchtiger Viertel zusammen, von denen sich jedes seinen eigenen Charakter bewahrt hat. Aber auch in Sachen Gegenwartskunst und -architektur holt die Stadt gewaltig auf. Bis 2015 sollen ganze 20 neue Wolkenkratzer aus der Skyline herausragen.

Earl's Court, fünf Uhr nachmittags. Massen von Menschen eilen zur Rushhour über die Treppen von einem der meist benutzten U-Bahn-Knotenpunkte Londons. Mit vier schweren Koffern und drei kleinen Kindern verursacht ein polnisches Ehepaar in diesem Getümmel einen Verkehrsstau. »May I help you?«, sagt da auf einmal jemand hinter ihnen. Ein junger britischer Gentleman hilft bereitwillig, das Gepäck über die Stufen zu tragen. Überschwänglich bedankt sich das Ehepaar in gebrochenem Englisch. »You are very welcome«, erwidert der »Metro-Samariter«, lächelt kurz und geht schon wieder seines Weges.

Einen besseren Empfang kann London seinen Besuchern wohl nicht bereiten. Auf Schritt und Tritt begegnet man der sprichwörtlichen englischen Zuvorkommenheit, ob man nun ratlos mit einem Stadtplan auf der Straße steht oder an der Abendkasse der Royal Albert Hall von einem wildfremden Menschen Konzertkarten geschenkt bekommt.

Als wir in den siebziger- und achtziger Jahren als Austauschschüler die Ferien im »Land des Tees« verbrachten, lernten wir die Engländer als freundliche Gastfamilien kennen. Von Reading, Bournemouth und Brighton fuhren wir mit dem Zug auf einen Tagesausflug nach London. Schmutzig erschien uns die von der Thatcher-Regierung stark in Mitleidenschaft gezogene Hauptstadt damals. Der flippige »Topshop« auf der Oxford Street und die Punk-Läden in der King's Road waren unsere ersten Anlaufstellen. Ein bisschen Kultur streuten wir auch ein: eine Runde um den Buckingham Palace, ein schneller Besuch in der National Gallery und eine Nachmittagsmatinee bei Agatha Christies »Mausefalle« im New Ambassadors Theatre. Der Höhepunkt des Ausflugs war jedoch ein Besuch bei Madame Tussauds, wo wir mit der Agfa-Pocket-Kamera neben Michael Jackson fotografiert wurden. Dann hieß es wieder zurück zum Abendessen bei der Gastfamilie, wo schon ein zähes Lammkotelett mit Minzsauce und Erbsen aus der Dose auf uns wartete.

Wer in den neunziger Jahren nach London kam, konnte miterleben, wie sehr sich das Stadtbild verwandelte. Viele gute Restaurants mit frischen, leckeren Spezialitäten und schicke Boutiquen schossen aus dem Boden. Und das südliche Themseufer, jahrelang ein industrielles Brachland, kam gehörig in Schwung. Das von Terence Conran gestaltete Design Museum öffnete dort 1989 als Erstes seine Türen. 1997 folgte eine Nachbildung von Shakespeares Globe Theatre und in den nächsten Jahren ein wahres Feuerwerk an städtebaulichen Meisterleistungen: Die Architekturfirma Herzog & de Meurons wandelte ein ehemaliges Elektrizitätswerk in das Tate Modern um, das weltweit aufregendste Museum moderner Kunst. Das Riesenrad London Eye war eigentlich nur für die Millenniumsfeiern gedacht, wurde jedoch aufgrund seiner anhaltenden Popularität zu einer festen Einrichtung.

Aus der Stadtlandschaft selbst ragen seit einigen Jahren mehrere Wolkenkratzer in die Luft: Norman Fosters überdimensionale grün-gläserne Gurke, die eigentlich 30 St. Mary Axe heißt, ist bis jetzt wohl das markanteste vertikale Wahrzeichen. Wenn es nach Londons revolutionärem Bürgermeister Ken Livingstone geht, sollen bis 2015 zwanzig neue Wolkenkratzer in die Höhe schießen. Was Prinz – oder dann vielleicht König – Charles dazu sagen wird, steht auf einem anderen Blatt. Der auf Tradition bedachte Thronanwärter macht seinen konservativen Einfluss auch schon bei anderen Projekten geltend.

London möbelt sich also auf. Nachdem es 2005 überraschenderweise die Ausschreibung für die Abhaltung der Olympischen Spiele

1 Seine ernste Miene verzieht der Gardesoldat auch nicht, wenn ihm hübsche Touristinnen nahe kommen. **2** Der Wolkenkratzer auf St. Mary Axe 30 ist gemeinhin als »erotische Gurke« bekannt. **3** Ein stilvolles Sherry-Service in Miller's Residence. **4** Eingangstor zum Regent's Park. **5** Weihnachtlich schmückt sich das Jumeirah Carlton Tower Hotel.

im Jahr 2012 gewann, sind dem Bauboom keine Schranken gesetzt. Das East End, der östliche Teil der Stadt, ist ein einziges urbanes Erneuerungsprojekt. Die Gegend war zu Römerzeiten eine Mülldeponie und in den letzten 300 Jahren die erste Anlaufstelle für arme Einwanderer. Jetzt wird der Wert des Viertels erkannt. Auf einem 200 Hektar großen Areal soll um Stratford der größte städtische Park entstehen, den Europa in mehr als 150 Jahren je gesehen hat. Die ersten »umweltverträglichen« Olympischen Spiele sollen hier stattfinden. Stararchitektin Zaha Hadid, seit 1980 in der Stadt wohnhaft, erhielt den ersten Bauauftrag in ihrer Wahlheimat. Ihr undulierendes Wassersportzentrum wird Wellen schlagen. Neben anderen Sporteinrichtungen und Stadien wird ein olympisches

1

2

3

Dorf für 17 000 Athleten gebaut, das nach den Spielen in 3600 Wohnungen für Familien mit niedrigem Einkommen umgewandelt wird.

Diese Wohnungen hat London auch bitter nötig. Die Stadt platzt aus allen Nähten. Nach der Osteuropaerweiterung der EU ziehen monatlich geschätzte 16 000 neue Einwanderer aus dieser Region in die britische Hauptstadt. Immigranten aus afrikanischen, asiatischen und lateinamerikanischen Ländern fühlen sich ebenfalls zur britischen Metropole hingezogen. Nahezu 300 Sprachen werden in London gesprochen.

Die Einwanderer lockt die Aussicht auf einen guten Verdienst in die Stadt. Ein Fünftel des Bruttoinlandsproduktes wird jährlich im 12 Millionen Einwohner zählenden städtischen Großraum erarbeitet. New Labour, die reformierte sozialistische Partei, vereinfachte nach dem Amtsantritt von Tony Blair im Jahr 1997 gesetzliche Regelungen für die Finanzwirtschaft und schuf steuerliche Anreize für die Reichen. In der Folge begann die Londoner Börse zu boomen, und Großbritannien verzeichnete das größte Wirtschaftswachstum seit dem Zweiten Weltkrieg. Aufgrund der geografisch günstigen Lage können die 300 000 Finanzexperten in der Londoner City in den Morgenstunden Geschäfte mit Asien und am Nachmittag mit dem amerikanischen Doppelkontinent machen. Die Londoner Börse ist auf der Welt führend im Handel mit Devisen und Metallen und hat sich auf Schwellenländer spezialisiert. 100 000 Milliarden Dollar fließen pro Jahr als Investitionen in die City, 80 Prozent davon aus dem Ausland. Die Stadt selbst wird von seinen Bewohnern als »Richistan« bezeichnet.

London ist nach Tokio das zweitteuerste Pflaster der Welt. Ausländische Wirtschaftsbosse können es sich gut und gerne leisten, eine zweistellige Millionen-Summe für ein viktorianisches Reihenhaus in einem der vornehmen Bezirke auf den Tisch zu legen. Junge Finanz-

1, 2, 3, 4 Teuer, aber schön: Geschäfte im Zentrum. **5** Relief im British Museum. **6** Abstrakte Malerei im Tate Modern.

experten zieht es in Künstler- und Arbeiterviertel wie Clerkenwell, Islington, Hoxton und Shoreditch. In der Folge wandelten sie alte Fabrikhallen in schicke Lofts um und trugen zu einem erheblichen Realienpreisanstieg bei. Die ehemaligen Bewohner dieser Gegenden wandern auf der Suche nach preisgünstigen Unterkünften immer weiter in die Vorstädte ab. Der Preis für Eigenheime steigt zwar um durchschnittlich 40 000 Pfund pro Jahr, doch viele Familien können diesen Wertanstieg für sich nicht nutzen, da sie keine gleichwertigen Wohnungen innerhalb der Stadtgrenzen finden würden.

Wer London besucht, muss viel Kleingeld einstecken. Das Bier im Pub kostet um die Hälfte mehr als auf dem europäischen Kontinent, und für U-Bahn-Tickets und das abendliche Ausgehen muss man zum Teil tief in die Tasche greifen. Dafür erlebt man hier aber auch um einiges mehr als in anderen europäischen Hauptstädten. Die Stadt erstreckt sich über mehr als 1500 Quadratkilometer, und selbst in weiter außerhalb gelegenen Gegenden wie Greenwich oder Richmond finden sich historisch bedeutsame Stätten und Prunkbauten.

Wer in London ein Zentrum sucht, der wird enttäuscht sein. Die Stadt ist eigentlich eine Ansammlung von Dörfern, die im Laufe der Jahrhunderte zu einem Ganzen zusammengewachsen sind. Ständig kommen Besucher mit der Vergangenheit in Berührung. Mehr als 700 blaue Gedenktafeln aus glänzendem Emaille geben Aufschluss darüber, wo Oscar Wilde, Virginia Woolf und Jimi Hendrix wohnten. Unzählige luxuriöse Reihenhauszeilen erinnern an die Zeit vor dem Ersten Weltkrieg, als noch eine strenge Trennung zwischen den Gesellschaftsklassen herrschte. Hinter der Vordertreppe versteckt liegt das Geschoss knapp unterhalb des Straßenniveaus, in

2

dem sich einst die Küche befand und Dienstboten – wie in der TV-Serie »Das Haus am Eaton Place« – zu einem Tratsch zusammenkamen. Das Erdgeschoss und die oberen Stockwerk zieren dagegen riesige Fenster, von feinen Ornamenten umrahmt, hinter denen auch heute noch Kristalllüster leuchten und antike oder gediegen moderne Möbel zu bestaunen sind. Frühere Stallungen und Kutscherhäuser im Hinterhof eines Wohnhauses sind heute unter betuchten Menschen heiß begehrt. »Mews« heißen diese schnuckeligen Häuschen auf Englisch. In den innerstädtischen Vierteln wurden viele von ihnen in schicke Einfamilienhäuser umgewandelt.
Wie in keiner anderen Stadt kann man in London herrlich die »innere Prinzessin« oder den »inneren Prinzen« ausleben. Ein Spaziergang vorbei an aristokratischen Stadtpalais beflügelt die Phantasie. Wie einst die Oberschicht kann heutzutage auch jeder Nicht-Blaublütige durch 150 Jahre alte Einkaufspassagen flanieren, wo Handwerker noch »im Auftrag Ihrer Majestät« arbeiten. Ziehen Käufer einmal die Kreditkarte, um einen bunt befederten Hut oder Maßschuhe aus feinem Kalbsleder zu erstehen, fragt keiner mehr nach einem Adelstitel.
Wenn man länger in der Stadt wohnt, kommt man zwangsläufig mit dem Königshaus über mehrere Ecken in Kontakt, ganz wie in dem Film »Six Degrees of Separation: Das Leben – ein Sechserpack«. Immer wieder lernt man Menschen kennen, die einen der

4

5

6

1 Barman im Mandeville Hotel. **2** Ein Hauch von Empire im Pavillion Hotel. **3** Camden Lock: Ein Sammelsurium an kleinen Läden. **4** Romantische Stimmung im Soho Hotel. **5** Auf den Spuren von Meisterdetektiv Sherlock Holmes. **6** Flotte Karossen in Notting Hill.

»royals« kennen. Auf einer Party erzählt eine Restaurantbesitzerin, dass sie mit Diana in die Schule gegangen ist. Alle Besucher schütteln nur den Kopf, wenn sie erfahren, dass die einstige Kronprinzessin zu Beginn der Ferien immer als Letzte vom Chauffeur abgeholt wurde.

Freilich kommt auch der englische Sinn für »understatement« in Bezug auf den englischen Adel zum Vorschein. »Spencer House« nennt sich der Wohnsitz von Prinzessin Dianas Vorfahren schlicht und einfach. Dabei ist der heute der Öffentlichkeit zugängliche Stadtpalast der einzige seiner Art, der aus dem 18. Jahrhundert in seiner ganzen opulenten Pracht erhalten blieb. Aber als »Haus« würden wir im deutschsprachigen Raum ein Gebäude mit acht Prunkräumen wohl eher nicht bezeichnen.

Für eine an vielen Kulturschätzen reiche Stadt ist es verblüffend, dass zahlreiche Museen keinen Eintritt verlangen. Das haben wir Chris Smith zu verdanken, Tony Blairs früherem Kulturminister, der durch eine Steuererleichterung für kulturelle Institutionen dazu beitrug, dass viele von ihnen gratis besichtigt werden können. Um die ägyptischen Mumien in ihren reich verzierten Sarkophagen im British Museum, den Tyrannosaurus Rex im Natural History Museum und eine interaktive Installation über den Großen Brand aus dem Jahr 1666 im Museum of London zu sehen, muss man keinen Penny ausgeben. (Die Museen schätzen natürlich freiwillige Spenden). Ein Spaziergang durch einen von Londons vielen Parks und grünen Plätzen inmitten der Stadt kostet ebenfalls nichts. Hier wiegen sich 30 Meter hohe Bäume im Wind, die schon Königin Viktorias Untertanen Schatten spendeten. Fein gepflegte Blumengärten verbreiten dazu einen betörenden Duft.

Ein »Guide für obsessive Unterhaltung« ist das Wochenmagazin »Time Out« laut Eigendefinition. In der Tat verlocken Abertausende Restaurants, Bars, Pubs, Nachtclubs und Theater Einheimische und Besucher dazu, sich ins Stadtleben zu stürzen. Kulinarisch hat London ziemlich zugelegt. Das beweisen Starköche wie Jamie Oliver, Gordon Ramsey und Nigella Lawson, die auch außerhalb der Grenzen von Großbritannien für Furore sorgen. Neben Restaurants aus aller Herren Länder verarbeiten einheimische Köche wie Fergus Henderson in seinem Restaurant »St. John« Tiere vom Kopf bis zum Schwanz und servieren Spezialitäten wie geröstetes Knochenmark mit Petersiliensalat. Doch egal wofür man sich in dieser Metropole entscheidet, kann man in jedem Fall mit gutem Recht behaupten, dass London etwas für jeden Geschmack zu bieten hat!

Das Zentrum

Die City baut aus. Zahlreiche Kräne errichten neue Gebäude für die Finanzindustrie.

1

2

3

DANSEY
PLACE W1
登士坊
CITY OF WESTMINSTER
思乡吧
INTERNET
cafe
VIETNAMESE RESTAURANT
PF53 BAY
4

Der Bauch von London

Soho – Spielplatz für Oscar Wildes Kinder

Das ehemalige Immigrantenviertel war bis zu den frühen neunziger Jahren ein Rotlichtbezirk. Heute locken legendäre Jazzclubs wie »Ronnie Scott's«, das Chinesenviertel und Jean Cocteaus Fresken in der Kirche Notre Dame de France die Besucher an.

Eine leicht verwitterte Statue von Karl II. blickt etwas trist über den Soho Square. Der englische König, der mit seiner Regentschaft von 1660 bis 1685 in die Geschichte als »fröhlicher Monarch« einging, hat eigentlich gar keinen Grund zur Traurigkeit. Schließlich sollte sich der hedonistische Herrscher in Soho wohl fühlen, ist es doch jenes Londoner Viertel, das wie kein anderes für Freizügigkeit steht.

Südlich der Oxford Street gelegen, diente es über die Jahrhunderte hinweg als Auffangbecken für Einwanderer aus verschiedenen europäischen Ländern. Nach griechisch-orthodoxen, hugenottischen und jüdischen Immigranten siedelten sich in den fünfziger Jahren des letzten Jahrhunderts hier Chinesen aus Hongkong an. Die Gegend um die Gerrard Street ist heute noch das Herz von Chinatown. In den »Swinging Sixties« war Soho das Zentrum der »Flower Power«-Bewegung sowie tonangebend in Sachen Mode und Musik. Die Modedesignerin Mary Quant schuf hier etwa als Erste den Minirock. Auf der Carnaby Street war Twiggy anzutreffen, das superdünne Model. Auch Jimi Hendrix und die »Rolling Stones« gingen in den Musikclubs ein und aus.

In den siebziger- und achtziger Jahren trat die seit dem 18. Jahrhundert im Geheimen funktionierende Sexindustrie an die Öffentlichkeit, und viele Lokale verwandelten sich in Peep-Shows und Pornoläden. Nachdem der Rotlichtbezirk in den letzten Jahren von einer Stadterneuerungswelle weggeschwemmt wurde, macht sich Soho heutzutage als größtes schwules Viertel Europas einen Namen. Freidenker aller Art sind in den schicken Geschäften, Bars und Restaurants dieser Gegend willkommen. Viele Bewohner befürchten jedoch, dass Soho seine Stellung als »Bauch von London« aufgrund der hohen Mieten verlieren wird. Die Zukunft wird es zeigen.

Aber zurück zu Karl II. auf seinem Podest. Nach dem Zusammenbruch von Oliver Cromwells puritanischer Republik im Jahr 1660 kehrte er auf den englischen Thron zurück und förderte die schö-

1 Wenn sich zwei küssen, schaut ein anderer lieber in die Zeitung. **2** Kittycat im Yauachata Tea House. **3** Gewagte Dessous bei Agent Provocateur. **4** Taxistau in Chinatown.

1

2

3

1 Unauthentisch, aber nett: Fachwerkbau auf der Old Compton Street. **2** Im Fish & Chips Laden freut sich der Cholesterinspiegel. **3** Soho ist das Zentrum der Medienindustrie. **4** Um den Leceister Square ranken sich einige große Kinos. **5** Gemüsemarkt auf der Carnaby Street. **6** und **7** Knusprige Enten in Chinatown. **8** In der Terrassensuite des Soho Hotel machen es sich Gäste bei einem Kaminfeuer gemütlich.

nen Künste. Und auch schönen (Lebens-)Künstlerinnen war er nicht abgeneigt. Das Freudenmädchen Nell Gwyn erklomm den Rang seiner Lieblingsmätresse. 14 Kinder erkannte der Herrscher als »Bastarde« an, doch zu einem legitimen Thronfolger brachte er es nicht. Zu seinen unehelichen Kindern gehört auch ein Ahnherr von Prinzessin Diana. Wenn also Prinz William eines Tages den Thron besteigt, ist er der erste englische Monarch, der direkt von Karl II. abstammt.

Das sollte den steinernen Regenten dann doch zum Lachen bringen. Wenn es nicht schon die vielen Gärtner tun, die geschäftig auf dem Soho Square arbeiten. Und das selbst im Regen! Ihre Gerätschaften bringen sie in einem Neo-Fachwerkhäuschen aus dem 19. Jahrhundert in der Mitte des Platzes unter. Was viele Leute nicht wissen: Unter diesem Häuschen verbergen sich riesige Bunker, die

4

6

7

8

im Zweiten Weltkrieg unzähligen Menschen als Unterschlupf dienten. Auch die im Neo-Renaissancestil erbaute römisch-katholische St. Patrick's Church auf dem Platz verfügt über riesige Katakomben. Auf dem Soho Square findet sich ebenfalls eine dichte Konzentration an Medienkonzernen. Neben »20th Century Fox« und Andrew Lloyd Webbers »Really Useful Group« hat sich Paul McCartney auf Nummer 1 mit seiner »MPL«-Produktionsfirma niedergelassen. Zwei Häuser aus dem Jahr 1681, also aus der Zeit von Karl II., stehen hier noch auf Nr. 10 und 15.

Biegt man vom Soho Square in die Frith Street ab, kommt man an Großbritanniens renommiertestem Jazz-Club »Ronnie Scott's« vorbei (Nr. 47). Ronnie Scott war ein bekannter Saxophonist, der mit seinem Solo für das »Beatles«-Lied »Lady Madonna« auch außerhalb von Jazz-Kreisen berühmt wurde. Ella Fitzgerald und Miles Davis spielten hier auf. Heutzutage stehen Wynton Marsalis und Chick Corea auf dem Programm. Im Juni 2006 ließ die neue Besitzerin Sally Green den Club vom Pariser Designer Jacques Garcia neu gestalten, ohne jedoch die ursprünglich gemütlich-verruchte Atmosphäre zu zerstören. Die Besucher sitzen an terrassenförmig angelegten Tischen mit kleinen Lampen, die ein rötlich gedämpftes Licht ausstrahlen. An den Wänden hängen Bilder von Jazz-Legenden. Die Hausband spielt an Tagen ohne Star-Programm einen flotten Bebop auf. Nina Ferro, die Sängerin mit der rauchigen Stimme, erklärt: »Ich habe keinen Glauben, aber ich glaube an Stevie Wonder!«, bevor sie ihr körpereigenes Instrument zum Schwingen bringt.

Auf der Frith Street Nummer 6 ist das »Hazlitt's« beheimatet, ein nach dem englischen Literaturkritiker William Hazlitt (1778 bis 1830) benanntes Hotel aus dem Jahr 1718, das sich über drei Reihenhäuser erstreckt. Hazlitt wohnte in einem von ihnen. Als er verarmt starb, versteckte die Hauseigentümerin seine Leiche unter dem Bett, da sie seine Wohnung zukünftigen Mietern zeigen wollte. Zu so einem Vorfall würde es heute (hoffentlich!) nicht mehr kommen. Wenn ein Hotel in London das Prädikat »Barockhotel« verdient, dann ist es sicher das »Hazlitt's«. Fast jedes Zimmer ist mit einem wuchtigen Himmelbett und prächtigen Bettvorhängen ausgestattet. Spiegel mit reich verschnörkelten Goldrahmen hängen an den Wänden. Da die Häuser nicht grundlegend verändert wer-

1 Im Hazlitt's Hotel lebt man wie ein Lord. **2** Baron Willoughby lacht von der Wand. **3** Agatha Christies »Mausefalle« ist seit 50 Jahren ein Publikumsmagnet. **4** Japanische Köche bei der Arbeit.

den durften, ist auch kein Aufzug im Hotel zu finden. Die Holztreppen quietschen, und manche Fußböden sind schief. Aber all das macht natürlich den antiken Charme des Hotels aus!

Biegt man von der Frith Street in die Old Compton Street ein, ist man auf der inoffiziellen Hauptstraße von Soho gelandet. Hier finden sich viele Restaurants, Bar und Clubs, die besonders eine schwule Klientel ansprechen. Früher hing die Regenbogenfahne über einschlägigen Lokalen. In einer sehr umstrittenen Entscheidung verordnete die Stadtregierung jedoch das Abhängen der Flaggen.

Homoerotisch angehaucht sind auch Jean Cocteaus Fresken von der Kreuzigungsszene (1959) in der modernen Kirche Notre Dame de France auf dem Leceister Place 5. Der surrealistische Dichter und Künstler bekannte sich offen zu seiner Homosexualität. Die Fresken sind jedoch aus einem weiteren Grund interessant: An der rechten Seite des Kreuzes richtet eine mysteriöse Figur den Blick auf eine schwarze Sonne. Angeblich ist diese Sonne ein Symbol für das Priorat Kloster Zion. Diese geheime Bruderschaft wurde in Dan Browns Erfolgsroman »Sakrileg« beschrieben und soll die Nachfahren Jesu beschützen. Jean Cocteau soll ihr angeblich angehört haben.

Der Schriftsteller Oscar Wilde (1854–1900), ein weiterer Verfechter gleichgeschlechtlicher Liebe, hielt sich ebenfalls gern in Soho auf. Er frequentierte das Restaurant »Kettner's« auf der Romilly Street, das 1867 von Auguste Kettner, dem Leibkoch von Napoleon III., gegründet wurde. Obwohl es sich heute im Besitz der Restaurantkette »Pizza Express« befindet, ist das Lokal noch immer mit eleganten Möbeln wie vor 100 Jahren eingerichtet. In der Champagnerbar wird Schaumwein zu günstigen Preisen serviert, und Musiker führen Jazz-Konzerte auf. Londoner kommen hierher, bevor sie eines der großen Theater auf der Shaftsbury Avenue besuchen. »West End«-Schauspieler lassen hier nach getaner Arbeit gern den Abend ausklingen.

Gut abgeschirmt vom Straßenlärm ist das Soho Hotel, das auf einem alten Parkplatz zwischen der Dean Street und der Wardour Street von Kit und Tim Kemp, den Besitzern der »Firmdale«-Kette, errichtet wurde. Wie in den anderen Hotels der Gruppe versucht die Designerin Kit Kemp ein Vokabular für den zeitgenössischen englischen Stil zu finden. Man findet also in den individuell gestalteten Zimmern rosa und violette Tapeten, und oft werden gestreifte Textilien mit geblümten Stoffen gemischt. Die Gästezimmer sind so groß wie in keinem anderen Londoner Luxushotel. Die besten Zimmer liegen im fünften Stock. Von ihnen genießt man eine wunderbare Aussicht auf Soho. Hollywood-Stars wie Jamie Foxx und Daniel Day Lewis fahren mit einem eigenen Aufzug in ihre Suiten. Freitagabends und samstagnachmittags finden Kinovorstellungen im hoteleigenen Vorführsaal statt.

Ein Stück ursprüngliches Soho ist auf der Berwick Street erhalten. Ein Gemüse- und Obstmarkt findet hier montags bis samstags von acht bis fünf Uhr statt und bietet die preiswertesten Produkte im Umkreis von Kilometern. Am Nachmittag sitzen die Köche der umliegenden Restaurants auf der Straße und spielen Karten. Aber um fünf Uhr heißt es wieder, an die Arbeit zu gehen. Denn danach herrscht im Bauch von London bis spätnachts ein reges Treiben!

Soho – Spielplatz für Oscar Wildes Kinder

Sehen & Erleben

Kirche Notre Dame de France, Leceister Place 5, Tel. 0 20-74 37 93 69 (Fresken von der Kreuzigungsszene von Jean Cocteau (1959)).

Übernachten

******Soho Hotel*, Richmond Mews 4, Tel. 0 20-75 59 30 00, Fax 0 20-75 59 30 03, www.firmdale.com, E-Mail: soho@firmdale.com (gestyltes Hotel mit den größten Zimmern in London).
*****Hazlitt's*, Frith Street 6, Tel. 0 20-74 34 17 71, www.hazlittshotel.com, E-Mail: reservations@hazlitts.co.uk (elegantes Hotel mit barocker Ausstattung).

Essen & Trinken

Kettner's, Romilly Street 29, Tel. 0 20-77 34 61 12 (Oscar Wildes Lieblingsrestaurant. Heute ein eleganter »Pizza Express« mit Champagnerbar).
Masala Zone, Marshall Street 9, Tel. 0 20-72 87 99 66 (Preisgünstige indische Kette mit ansprechendem Ambiente. Ayurvedische Köstlichkeiten).

4

Yauatcha, Broadwick Street 15, Tel. 0 20-74 94 8 88 (Ganz in Blau gehaltenes Teehaus und Dim-Sum-Restaurant. Superschick!).
Gerrard's Corner Wardour Street 30, Tel. 0 20-74 37 09 84 (Hier trifft man sich zum »yum cha«, chinesischen Brunch, auf köstliches Dim-Sum: Hummerklöße, Süßkartoffelkroketten).
Maison Bertaux, Greek Street 28, Tel. 0 20-74 37 60 07 (130 Jahre altes französisches Café).
French House, Dean Street 49, Tel. 0 20-74 37 27 99 (Lieblingscafé von Charles de Gaulle und anderen Résistancekämpfern im Londoner Exil).

Ausgehen

Ronnie Scott's, Frith Street 47, Tel. 0 20-74 39 07 47 (Legendärer Jazzclub).
Olssons & Garlic Shots, Frith Street 14, Tel. 0 20-77 34 95 05 (Witzige Bar, die sich auf Knoblauchdrinks spezialisiert hat).

Shopping

The Pineal Eye, Broadwick Street 49 (das Neueste aus der britischen Modeszene).
Agent Provocateur, Broadwick Street 6 (Gewagte Unterwäsche für Damen).
Soccer Scene, Carnaby Street 56–57 (alles für ambitionierte Fußballfans).
Vinmag.com, Brewer Street 39–43 (alte Zeitschriften und Fotos).
Paradiso Boudoir, Dean Street 60 (Reizwäsche aus der Maßschneiderei).

U-Bahn-Stationen

Tottenham Court Road, Oxford Circus, Leicester Square, Piccadilly Circus.

Valid Bus Passes and Travelcards accepted
1

2

3

C&A
23
LADBROKE GROVE
137
OXFORD CIRCUS
H.SAMUEL
H895 BME
4

Verschnaufpause im Menschenstrom

Oxford & Regent Street – einkaufen und vieles mehr

Es muss nicht immer Shoppingstress sein: Das Hotel No. 5 Maddox Street, der Schönheitssalon »Bloww« von Beckham-Friseur Adee Phelan und »Postcard Teas« laden zum Erholen ein.

Mit 300 Geschäften auf rund drei Kilometern kann sich die Oxford Street brüsten, eine der größten Einkaufsstraßen der Welt zu sein. Ende des 18. Jahrhunderts verließ die vornehme Gesellschaft die City of London und siedelte sich in der noch ländlichen Gegend um die spätere Einkaufsmeile an. 1812 gestaltete der Architekt John Nash die Regent Street, die im rechten Winkel zur Oxford Street verläuft, als klare Trennlinie zwischen den armen Einwanderern in Soho und den begüterteren Bürgern und Adeligen in Mayfair. Eine Häuserzeile, »Quadrant« genannt, schwingt sich noch heute majestätisch nordwärts vom Piccadilly Circus.

Die Regent Street steht der Oxford Street in Sachen Kommerz kaum in etwas nach. Spätestens nach ein paar Stunden des Shoppens in Geschäften von »Adidas« bis »Zara« kann einem unter den abertausend Menschen schon etwas der Atem ausgehen. Glücklicherweise gibt es in diesem ultimativen Shoppingbezirk ein paar richtige Wohlfühloasen.

Kein Schild verrät, wo genau sich das Boutique-Hotel »No. 5 Maddox St.« befindet. Nur ein diskretes »Push« steht auf der Tür. In der kleinen Rezeption schwimmen ein paar Zierfische gelassen durch ein Aquarium mit weißen Korallenbäumen, während der Duft von Zitronengras das fünfstöckige Gebäude durchweht. Die Innenarchitekten von »Meath Baker Design« orientierten sich wohl an japanischen Wohnhäusern. Für ihr Grunddesign verwendeten sie helle Bambusböden und jede Menge dunkelbraunes Edelholz. Kein Schnörkel verunstaltet ihr Werk. Geradlinig sind Tische und Stühle, vorwiegend in Braun und Beige gehalten. Grünpflanzen wurden dezent auf Tischen und in Nischen platziert. Einen gemütlichen offenen Kamin umrahmten sie mit einer Spiegelwand.

Unter www.living-rooms.co.uk ist das »No. 5 Maddox St.« im Internet zu finden. Diese Adresse besagt, dass sich das »Pied-à-terre«-Haus von Besitzerin Tracy Lowry mehr als ein perfekt durchgestylter Lebensraum denn als Hotel versteht. Jede der zwölf Suiten umfasst ein bis drei Schlafzimmer sowie Wohnzimmer und Küche. Gäste wie John Malkovich und Brendan Fraser schätzen die zen-

1 Im Doppeldecker zum Shopping. **2** Prinzessin Diana lebt auf Touristenkitsch weiter. **3** Gesunde Snacks für Einkaufswütige. **4** Die Oxford Street war ursprünglich eine römische Durchzugsstraße.

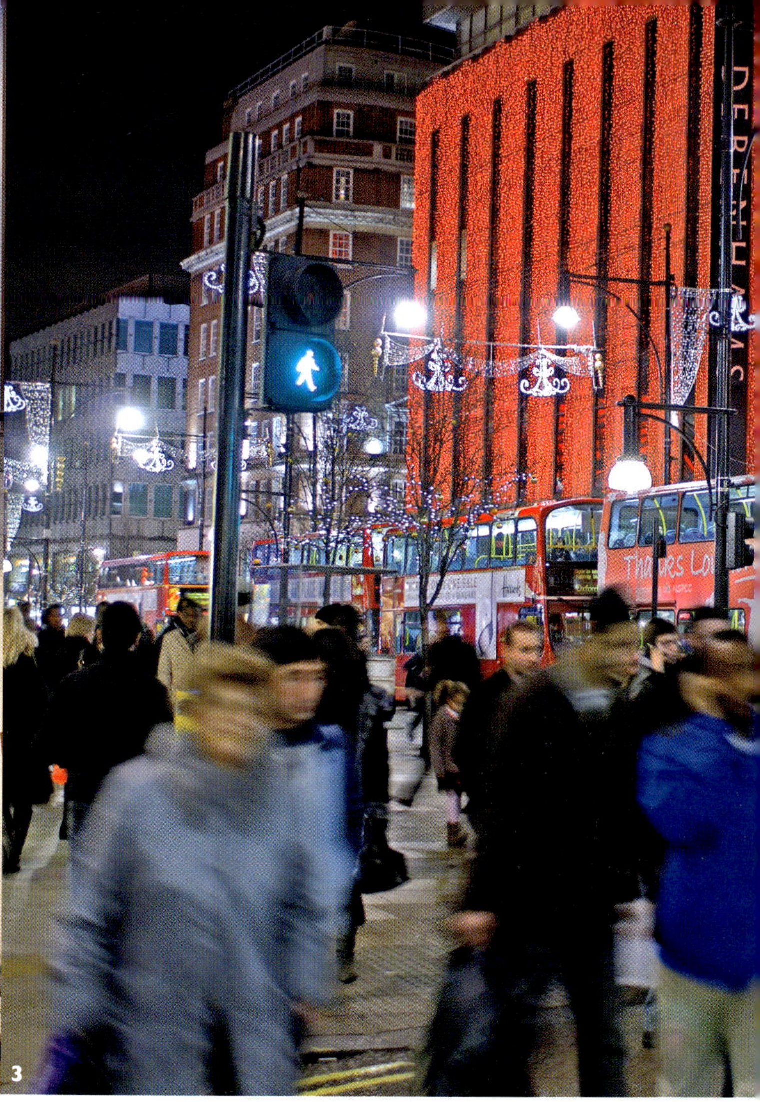

1 »Shop until you drop« heißt hier das Motto. **2** Kunstpause in einer Galerie. **3** Die Oxford Street in weihnachtlichem Glanz. **4** Die »Königin der Zeit« steht über dem Eingang zum Kaufhaus Selfridge's.

artige Atmosphäre dieses Hauses und bleiben für den Dreh auch gern mehrere Wochen. Obwohl die Stars wohl nicht zum Kochlöffel greifen, stehen in den Küchenschränken biologische Nudeln und Saucen, in der Minibar liegen gesunde Müsliriegel.
Gäste, die hier länger bleiben, lassen sich häufig einen Privatkoch ins Haus kommen, oder sie bestellen ein Menü von »Patara«, dem thailändischen Restaurant nebenan. Für Leute, die geschäftlich in London zu tun haben, eignen sich die Suiten ausgezeichnet als Ort, um kleinere Business-Treffen abzuhalten. Drahtlose Internetverbindung ist selbstverständlich. Einige der Suiten verfügen über einen privaten Balkon, der den ruhigen Hinterhof des Gebäudes überblickt. Die größeren Suiten erweitert eine Terrasse mit Liegestühlen.
Neben dem »No. 5 Maddox St.« führt Francis Kyle seit 25 Jahren seine Galerie. Er vertritt europäische Künstler, die zum Großteil in einem realistischen Stil arbeiten. Kein abstrakter Firlefanz für Prinz Charles also, einer von Kyles Stammkunden. Kyle führt auch Werke des deutschen Künstlers Malte Sartorius, in dessen Radierungen immer wieder eine Sehnsucht nach dem sonnigen Süden zu spüren ist. Edward Stone ist eines von Kyles prominentesten Zugpferden, der auf einen berühmten Vorfahren verweisen kann: Sir Joshua Reynolds, einer von Englands berühmtesten Rokoko-Malern, war sein weit entfernter Urgroßvater. Während der Ahnherr an die 3000 Porträts von adeligen Gecken malte, hat sich Edward Stone auf tropische Landschaften verlegt. Die werden ihm wahrscheinlich zu keinem Grab in der St. Paul's Cathedral verhelfen, wie das bei seinem berühmten Vorfahren der Fall war, verkaufen sich aber dennoch zu einem stolzen Preis von bis zu 28 000 Pfund.
Wem bei solchen Summen die Spucke wegbleibt, der kann sich bei »Postcard Teas« auf der Dering Street wieder den Gaumen benetzen. Timothy d'Offay serviert hier frisch gebrauten Tee in minimalistischem Ambiente. Der Sohn von Anthony d'Offay, einem Kunsthändler, der Siegmar Polke und Anselm Kiefer vertritt, will die Engländer dazu bringen, dass sie Tee wieder in loser Form zubereiten. »Als ich vor zehn Jahren in Taipeh eine Schale Tee ohne Milch und Zucker trank, erlebte ich eine wahre Geschmacksexplosion im Gaumen«, erinnert sich der Experte. Nach dieser Epiphanie bereiste er Indien, China, Korea und Japan auf der Suche nach den edelsten

4

Sorten. In seinem Geschäft bietet er Tees kleiner, aber feiner Plantagen an, die nachhaltiges Ressourcenmanagement betreiben und ihre Mitarbeiter nicht ausbeuten. Eine Offenbarung ist der »Offays Chrysanthemen-Tee«. Lediglich drei winzige weiße Trockenblüten übergießt Timothy d'Offay mit heißem Wasser. Nach einigen Minuten entfaltet sich ein blumiges Aroma auf den Geschmacksknospen, das Erinnerungen an eine Sommerwiese wachruft.

Bewusst ins Gewühl der Regent Street hineingesetzt haben sich 2005 auch Paul Merritt und Adee Phelan. Die beiden »Celebrity«-Friseure eröffneten »Bloww«, den »Beauty-Salon des 21. Jahrhunderts«, wie sie ihn selbstbewusst nennen. Hier können sich Kunden mit großen Brieftaschen vom Shoppingstress erholen. Merritt betreute zwei Jahre lang die englische Reality-TV-Show »The Salon«. Phelan wurde bekannt, als er David Beckham einen Mohikaner-Haarschnitt verpasste. An den Wänden des »Bloww«-Salons sticht die schwarze Mustertapete ins Auge. Während die Mitarbeiter im Erdgeschoss an Haarbüscheln herumschnipseln und fönen, ist das Kellergeschoss ganz auf »relax« programmiert.

Die langbeinigen blonden Zwillinge Hayley und Sarah Henderson, die mit ihren hübschen Gesichtern in Deutschland für die Kosmetikmarke Rimmel werben, rühren hier »Wohlfühlelixiere« ohne chemische Zusätze an, die sie auf Plastikfolie applizieren. Diese wickelt man um die Körper entspannungswütiger Kunden. Dann geht es ab in »die Banane«, wie die raffinierte Badewanne heißt, in der man gut eingeölt eine Stunde dösen kann, ohne dass der Wickel auseinanderfällt. Außer in London findet sich nur noch in Dubai ein solches Gerät! Eine Stunde in der Wanne soll dem Ruheeffekt einer ganzen Nacht gleichkommen.

Die gewonnene Zeit kann gleich in einem ungewöhnlichen Lokal verprasst werden. »Below Zero« auf der Heddon Street, einer netten, mit Restaurants und Clubs gespickten Straße, die kreisförmig von der Regent Street abzweigt, beherbergt die »Absolut Ice Bar«, Eine Bar in der Bar, wo die Temperaturen jahraus, jahrein auf minus fünf Grad Celsius gehalten werden. Innenraum und Einrichtung bestehen aus gefrorenem Wasser. Selbst das Wodkaglas wird noch aus einem Eisblock gemeißelt. Ein silbernes Designer-Cape schützt die Besucher vor der Kälte. Gäste erleben hier für 15 Pfund 40 Minuten Nordpolklima. Wem die Nase zu rinnen beginnt, tröstet sich damit, dass er frisch bleibt bei diesen Temperaturen. Ein Tipp: Hier verstärken sich die Beauty-Behandlungen von »Bloww« …

1 Lach doch mal so wie die Frau auf dem Poster! **2** Happy Hour im Restaurant L'Odeon. **3, 4, 6** John Malkovich schätzt die Zen-Stimmung des No. 5 Maddox Street Hotel. **5** Picadilly Café. **7** Bärchen aus Britannien.

Aber auch ein bisschen Kultur darf in der Kommerzmeile nicht fehlen, wenngleich eingebettet in einem von Londons opulentesten Lokalen. Das »Sketch«, eine Mischung aus Galerie, Restaurant, Brasserie, Bar und Patisserie in einem Reihenhaus aus dem 18. Jahrhundert auf der Conduit Street (einer Seitenstraße der Regent Street), zieht Gäste wie Madonna und Bill Clinton an. Besitzer Mourad Mazouz versteht das Lokal als »Gesamtkunstwerk für alle Sinne«. Alle Räume werden in bestimmten Zeitabständen neu gestaltet, damit sich die illustren Gäste auch ja nicht sattsehen. Mazouz scheute keine Mühe, um Videokunst von berühmten Künstlern wie Tracey Emin mithilfe eines 360-gradigem Projektionssystems großflächig populär zu machen. Untertags sind nur die Patisserie und die Galerie geöffnet. Abends legen Gourmets durchschnittlich 600 Pfund pro Kopf an, um avantgardistische Geschmackskreationen zu probieren. Seebrasse wird hier zum Beispiel auf Apfelpüree und mit braunem Sirup serviert. Zum Nachtisch gibt es rote Paprika mit Zitronensirup und Himbeercoulis mit getrockneten Oliven. Den Cristal Rose-Champagner für 150 Pfund pro Glas nennen die Kellner etwas abfällig »Fußballerfrauenfusel«.

Das Ambiente im »Sketch«, das den Architekten der Manser-Gruppe zu verdanken ist, setzt die Gäste in Staunen: Auf der Treppe von der Galerie zum Restaurant ließen sie braunes Kunstharz zu Lacken erstarren, die wie Blut oder Schokolade aussehen. Eine barock anmutende Bar ist vollkommen in Weiß gehalten. Selbst den privatesten Ort konnten die Architekten nicht ungeschoren lassen: Das Damenklo ist mit funkelnden Swarovski-Kristallen bestückt.

Angesichts eines solch kreativen visuellen Auswuchses ist es nicht weiter verwunderlich, dass auch der französische Stardesigner Philippe Starck der Gegend um Oxford und Regent Street seinen Stempel aufdrücken wollte. Für den amerikanischen Hotelimpresario Ian Schrager, der in den siebziger Jahren mit seinem »Studio 54« die Disco-Bewegung startete, gestaltete er das Luxushotel »Sanderson« auf der Berners Street. Starck ließ sich von Werken des surrealistischen Künstlers Jean Cocteau inspirieren. Das Sofa in der Eingangshalle ist ein Paar voller roter Lippen. Aus den Barhockern lugt ein neugieriges Auge hervor. Silberne Schwäne schwingen sich als Griffe um schwere Sessel. In den 150 Zimmern sind Badezimmer und begehbarer Schrank nur durch transparente Glaswände abgetrennt.

Was wären die Oxford und die Regent Street ohne ihre riesigen Kaufhäuser? »Liberty's« auf der Regent Street hebt sich von den anderen Shoppingbunkern durch seine Fachwerkfassade ab. Die stammt natürlich nicht aus der Tudorzeit, sondern aus dem Jahr 1924, als das 1874 von Arthur Lasenby Liberty gegründete Kaufhaus großräumig ausgebaut wurde. Die Holzbalken für den pittoresken Häuserblock stammen von zwei Schiffen, der »HMS Impregnable« und der »HMS Hindustan«. Zur Jahrhundertwende war »Liberty's« das Geschäft, in dem die Crème de la crème ihre Stoffe für prunkvolle Kleider kaufte. Arthur Lasenby Liberty för-

5

6

derte Künstler der englischen Jugendstilbewegung, die Textilien und Kunstgegenstände für das Kaufhaus entwarfen.
Auch heutzutage treffen sich Damen aus der besseren Gesellschaft gern zum »Tea at Liberty's« auf ein paar süße »scones« mit sündhafter sahneähnlicher »clotted cream« auf der Regent Street Nr. 214–220. Die Textilabteilung spielt damals wie heute alle Stücke. Da findet sich feiner, mit Goldfäden durchzogener Brokatstoff aus Indien neben angenehm knisternden Seidenballen aus China. »Liberty's« rühmt sich, in Großbritannien die erlesenste Auswahl an Orientteppichen zum Verkauf anzubieten.
Ganz anders ist die Stimmung bei »Selfridge's« auf der Oxford Street 400. Das Kaufhaus wurde 1909 vom amerikanischen Selfmademan Gordon Selfridge gegründet und ist in einem wuchtigen Granitbau untergebracht. Auf fast 50 000 Quadratmetern tummeln sich viele dicht verschleierte Frauen aus dem Nahen Osten, denen das Pfund in der Geldbörse brennt. Sie begutachten die bunte Ware in der größten Lippenstiftabteilung Europas und stapeln Prêt-à-porter-Stücke von »Dolce & Gabbana« auf den Verkaufstisch, so als sei bei »H&M« gerade Schlussverkauf.
Zu besonderen Anlässen passt sich »Selfridge's« einem bestimmten Thema an. Im Jahr 2005 etwa feierte Las Vegas sein hundertjähriges Bestehen. Eine ganze Reihe von Modeschöpfern erhielt den Auftrag, in ihren Kreationen den »Kasino«-Stil nachzuempfinden. Burberry brachte eine goldene Bomberjacke auf den Markt, Stella McCartney entwarf glitzernde T-Shirts. Für den Jahrmarkt der Eitelkeiten auf der Oxford Street gerade das Richtige!

Oxford & Regent Street – von Adidas bis Zara

Sehen & Erleben
Francis Kyle Gallery, Maddox St. 9, Tel. 0 20-74 99 68 70/69 70, www.franciskylegallery.com (Galerie, die auf realistische Kunst spezialisiert ist. Vertritt Edward Stone, ein Nachfahre von Rokoko-Maler Joshua Reynolds).

Übernachten
******No. 5 Maddox Street*, Maddox St. 5, Tel. 0 20-76 47 02 00, 0 20-76 47 03 00, www.living-rooms.co.uk, E-Mail: sales@living-rooms.co.uk (Pied-à-Terre-Hotel mit 12 Suiten. Asiatische Ästhetik).
******Sanderson*, Berners St. 50, Tel. 0 20-73 00 14 00, Fax 0 20-73 00 14 01, www.sandersonlondon.com.

7

*****Grange Fitzrovia Hotel*, Bolsover St. 20–28, Tel. 0 20-74 67 70 00, Fax 0 20-76 36 50 85, www.grangehotels.com, E-Mail: fitzrovia.reservations@grangehotels.com.

Essen & Trinken
Sketch, Conduit St. 9, Tel. 08 70-7 77 44 88 (supergestyltes Restaurant mit Kunstgalerie auf mehreren Ebenen).
Cavas de Gaucho, Swallow St. 25, Tel. 0 20-77 34 40 40 (argentinische Monstersteaks!).
Cocoon, Regent St. 65, Tel. 0 20-74 94 76 00.
Bentley's Oyster Bar & Grill, Swallow St. 11–15, Tel. 0 20-77 34 47 56 (frische Meeresfrüchte in gediegenem Ambiente).
Hakkasan, Hanway Place 8, Tel. 0 20-79 27 70 00 (Prinz William trinkt hier einen Hakka!).
Postcard Teas: Dering St. 9/New Bond St., Tel. 0 20-76 29 36 54 (nettes Teelokal mit viel Zen).

Ausgehen
The Cuckoo Club, Swallow St., Tel. 0 20-72 87 43 00 (Prince wärmt sich hier auf.)
Below Zero London, Heddon St. 31–33, Tel. 0 20-74 78 89 10 (Londons trendige Eisbar).

Shopping
Liberty's, Regent St. 214–20 (die beste Stoffabteilung von London. In einem Neo-Fachwerkhaus).
Selfridge's, Oxford St. 400 (größte Auswahl an Lippenstiften in Europa).
Bloww Salon, Regent Place 4, Tel. 0 20-72 92 03 00 (ultimativer Beautysalon von Beckham-Friseur Adee Phelan).

U-Bahn-Stationen
Piccadilly Circus, Oxford Circus

1

2

3

4

Koloraturen und coole Klamotten

Covent Garden – musisch und mondän

Vor den Toren von Londons berühmtestem Opernhaus schlucken Artisten Feuer. Der legendäre britische Modeschöpfer Paul Smith startete hier in dieser Gegend Mitte der achtziger Jahre den Shoppingboom.

Als »Großen Platz der Venus« bezeichneten Flaneure im 18. Jahrhundert die Covent Garden Piazza nördlich der zentral gelegenen Hauptstraße The Strand. Die Bezeichnung »Piazza« kam nicht von ungefähr, wurde der Platz doch vom englischen Architekten Inigo Jones (1573–1652) italienischen Renaissancevorbildern nachempfunden. Wie Andrea Palladio (1508–1580) in der toskanischen Stadt Livorno schuf Jones im Jahr 1630 grazile Stadthäuser, die alle durch Arkaden verbunden waren. Die Aristokratie zog anfangs bereitwillig in Jones' architektonisches Meisterwerk. Da sich jedoch ein Gemüse- und Blumenmarkt und in dessen Zuge auch die Demimonde auf der Piazza niederließen, flüchteten die Höflinge in den nobleren Bezirk Mayfair.

Auf dem »Großen Platz der Venus« machten daraufhin Kaffeehäuser, Spielhöllen und Bordelle ihre verruchten Türen auf. Aber auch die ersten Theater waren dort zu finden: Karl II. vergab nach seiner Thronbesteigung im Jahr 1660 mehrere Patente, die einen Vorläufer der Oper von Covent Garden sowie andere Theater auf der Drury Lane begründeten. Bis zum heutigen Tage ist die Gegend unweit des Trafalgar Square als Unterhaltungsbezirk bekannt.

Die erste Szene in dem Musical »My Fair Lady« beginnt in Covent Garden. Die Blumenverkäuferin Eliza Doolittle singt sich dort die Seele aus dem Leib, um ein paar Veilchensträuße an den Mann zu bringen. Die tiefere Bedeutung des Titels »My Fair Lady« geht jedoch an vielen Zuschauern vorbei: In ihrem ungehobelten »Cockney«-Akzent spricht Eliza den Nobelbezirk Mayfair wie »My Fair« aus. Nach ihrer Schulung redet sie allerdings selbst so, als wäre sie in Mayfair geboren.

Heutzutage wohnen eher Leute mit »Mayfair«-Akzent in der belebten Gegend als Vertreter aus dem breiten Volk. Der Gemüse- und Blumenmarkt wurde 1974 in den Bezirk Vauxhall umgesiedelt, da das Verkehrschaos in Covent Garden unüberschaubar geworden war. Einige Zeit lang schien es so, als müsste die neoklassische

1 Im Käsegeschäft Neal's Yard Dairy stinkt es herrlich. **2** Die Punch & Judy Bar am Markt von Covent Garden. **3** Im Hotel One Aldwych duften immer frische Blumen durch den Raum. **4** Gediegenes Ambiente der Lobby des Hotels One Aldwych.

1

2

Markthalle aus dem Jahr 1830 einem modernen Immobilienkomplex weichen, doch beherzte Beschützer des historischen Stadtbildes konnten sie durch mehrere Demonstrationen retten. In das Gebäude zogen schicke Boutiquen und Cafés, während die Wohnungspreise ins Astronomische schossen. Die Covent Garden Piazza ist im Lauf der letzten 20 Jahre zu einer der beliebtesten Touristenattraktionen Londons geworden. Und Geschichten wie die der Eliza Doolittle spielen sich auch im wirklichen Leben ab: Als eine 15-jährige Naomi Campbell 1985 bei einem Einkaufsbummel durch die engen Gassen schlenderte, wurde sie für den Laufsteg entdeckt.

In der ersten Szene des Musicals »My Fair Lady« steht Eliza Doolittle genau vor der Kirche St. Paul's am westlichen Ende der Covent Garden Piazza. Dieses Gotteshaus aus dem Jahr 1633 ist das letzte Bauwerk, das von Inigo Jones' architektonischen Glanzleistungen erhalten blieb. Ihre klassische Säulenhalle schützte Eliza vor dem Regen. Aufgrund der Nähe zu den Theatern in der Drury Lane wurde die St. Paul's als »Schauspielerkirche« bekannt. Viele Mimen fanden in der Kirche ihre letzte Ruhestätte. In die Wände wurden Gedenksteine für Legenden wie Charlie Chaplin, Vivian Leigh und Boris Karloff eingelassen. Vor der Kirche selbst brachte die Stadtverwaltung 2005 einen eigenen »Walk of Fame« für britische Meisterschauspieler an. Silberne Sterne im Trottoir erinnern jetzt an Stars wie Laurence Olivier und Alec Guinness.

Dass Sakrales in engem Zusammenhang mit Volkstümlichem stehen kann, beweist der Bezug zwischen der Kirche St. Paul's und dem Marionettentheater. 1662 führte Pietro Gimonde vor den Toren der Kirche die erste Vorstellung von »Punch & Judy« auf, eine englische Version des Hanswursttheaters. Heutzutage findet in der Kirche alljährlich am zweiten Sonntag im Mai eine »Hanswurst«-Messe statt, nach der unzählige zipfelmützige Kasperl in den Straßen herumspaßen. Im Kircheninnenraum ist A. R. Philpott ein Gedenkstein gewidmet, der als »Pantopuck, the Puppet Man« (»Pantopuck, der Marionettenspieler«) die Herzen vieler Kinder eroberte. In dem gleich neben der Kirche gelegenen Teil der alten Markthalle lässt ein altes Spielzeuggeschäft Kinderherzen höher schlagen. Der »Benjamin Pollock's Toyshop« ist seit 1880 auf die Herstellung von viktorianischen Miniaturtheatern spezialisiert. Auch der »Schatzinsel«-Autor Robert Louis Stevenson ging hier einkaufen.

Eine Oase der Ruhe ist der Garten um die Kirche. Hier kommen Verkäufer aus den unzähligen Geschäften her, um ihren Lunch zu essen. Wie in vielen anderen Kirchen Londons finden in der Kirche St. Paul's um die Mittagszeit Gratiskonzerte statt. Manchmal treten

1 Bei den Marktständen von Covent Garden wird Kunsthandwerk angeboten. **2** Um die Weihnachtszeit ist die viktorianische Halle ein Publikumsmagnet. **3** Die Knastbienen aus Chicago zeigen im Cambridge Theatre viel Haut. **4** Cappuccino und Waffeln mit Sahne verkaufen sich gut in der Halle.

die »Knack Singers« auf, ein junges Ensemble, frisch von der Musikakademie. Während die Sopranistin Rachel Vermont in einem Mörike-Lied von Hugo Wolf zerfließt, setzt vor der Tür tosender Applaus ein. Ist ihre glasklare Stimme denn so weit nach draußen gedrungen? Leider nein! Konkurrenz hat sie während ihres Vortrags bekommen. Ein Feuerschlucker zog mit seinen gewagten Kunststücken eine ganze Menschenmenge in Bann. Die Artisten, die heutzutage in der Fußgängerzone um den Markt ihr Bestes geben, bringen erstaunliche Leistungen, wird ihr Können doch von einer Auswahlkommission begutachtet.

Die Crème de la crème des klassischen Gesanges tritt im Royal Opera House am nordöstlichen Ende der Piazza auf und ist gemeinhin als »Covent Garden« bekannt. Die Oper wurde in den späten neunziger Jahren großräumig renoviert. Das Auditorium aus dem Jahr 1858 blieb zwar erhalten, doch die Architekten Jeremy Dixon und Edward Jones nahmen viele andere, grundlegende Veränderungen vor. Sie bauten Inigo Jones' Säulenhalle originaltreu

1 Im Sommer bleiben die Gäste auf der Covent Garden Piazza besonders gern abends sitzen. **2** Eine kühles Helles im Lamb & Flag Pub. **3** Die Boutique Coco de Mer verleitet zu »sündigen« Gedanken. **4** Eine Oase der Ruhe ist Neal's Yard. **5** Die Alternativszene hat in Neal's Yard ein Zuhause gefunden. **6** Die moderne Passage der Covent Garden Opera über die Floral Street. **7** Die Piazza wurde ursprünglich von Inigo Jones im Stil der Renaissance angelegt.

nach und verbanden die ehemalige Blumenhalle Floral Hall, einen mit Licht durchfluteten Glaspalast mit einem filigranen Gusseisengerüst, mit der Oper. Heute kann jeder, der von der Straße hereinwandert, Restaurants und Bars in der Floral Hall besuchen.
Auch wenn man nichts konsumiert, genießt man von der Terrasse aus die beste Aussicht auf die Piazza. Im Foyer der Floral Hall finden außerdem öfters Gratiskonzerte statt. Ein wahrer Knüller sind jedoch die zweimal im Monat stattfindenden nachmittäglichen »Tea Dances«, bei denen Alt und Jung foxtrottet oder einen flotten Cha-Cha-Cha aufs Parkett legt. Die Rolltreppe in den ersten Stock ist ein postmodernes Meisterwerk: Vollkommen durchsichtig, gewährt sie den Blick auf die vielen Zahnräder, die das Gefährt in Gang setzen. Das London's Transport Museum ist ebenfalls in einem Teil des

6

7

alten Blumenmarktes angesiedelt. Das Verkehrsmuseum wurde 2007 großräumig renoviert und stellt Gustostücke wie Shillibeers Pferde-Omnibus aus dem Jahr 1829 sowie eine Dampflokomotive aus dem Jahr 1856 für die erste U-Bahn der Welt aus.

Geht man auf der Nordseite der Piazza die James Street entlang, so kommt man an der ersten Straßenkreuzung zur Floral Street. Hier hat der britische Modeschöpfer Paul Smith sein Hauptquartier. Der 1947 geborene Designer ist für seine klassische Herrenmode mit dem gewissen Etwas bekannt. Gern arbeitet er mit verschieden gestreiften Mustern und angenehm zu tragenden Stoffen wie Samt. Aber auch für Frauen und Kinder kreiert er lässige Stücke.

Von der Garrick Street zweigt die kleine Rose Street ab. Hier befindet sich das berühmte Pub »Lamb & Flag« in einem zweistöckigen Ziegelhaus. Es schenkt schon seit dem 17. Jahrhundert Bier und Wein aus. Eigentlich hieß die gemütliche Taverne mit den niedrigen Decken und unvermauerten Holzbalken »Bucket of Blood«, übersetzt »Bluteimer«, da hier regelmäßig Faustkämpfe stattfanden. Aber dann wurde doch entschieden, dass dieser Name zu schauerlich klang.

Die nördliche Verlängerung der James Street ist die Neal Street. In der Neal's Yard, einer kleinen Seitenstraße, stehen auch heute noch einige bunt bemalte Häuser. Sie sind Überreste aus den siebziger und achtziger Jahren, als Covent Garden fest in Händen der Alternativszene lag. In dem ruhigen Innenhof finden sich einige vegetarische Cafés, eine Juice-Bar sowie verschiedene New-Age-Läden. Besonders gut duftet es aus dem Käsegeschäft »Neal's Yard Dairy«, einem der feinsten Läden in ganz London. Hier kann man 200 Käsesorten aus ganz Großbritannien kosten, vom gut gereiften »Ticklemore«-Ziegenkäse bis hin zum »Stinking Bishop« mit seiner orangefarbenen Rinde.

Die Monmouth Street ist eine der erotischsten Straßen Londons. Samantha Roddick, die Tochter von »Body Shop«-Besitzerin Anita Roddick, hat hier »Coco de Mer« eröffnet, einen »sinnlichen Salon«, in dem allerlei Schlafzimmerspielzeug in einem bordeauxroten Ambiente zum Verkauf angeboten wird. Die Hauptklientel sind Frauen. Neben Reizwäsche und guten Parfüms findet sich hier auch eine Augenbinde mit dem Satz: »Freiheit ist, sich aussuchen zu können, wessen Sklave man sein will.« Genug verraten!

1

2

3

4

Inspiration für Monet

Holborn & The Strand – Viertel an der Themse

Der Impressionist malte im Hotel Savoy 70 Ansichten des Londoner Flusses. Kunstschätze aus seiner Zeit finden sich heute im Somerset House, fünf Gehminuten von dem Nobelhotel entfernt.

Der Trafalgar Square kann zu Recht als Hauptplatz von London bezeichnet werden. In jeder Silvesternacht feiern hier Tausende Menschen den Beginn eines neuen Jahres. Einige von ihnen hüpfen sogar in den neoklassischen Brunnen rund um die Säule, die 1843 fertiggestellt wurde und auf der die Statue von Admiral Nelson thront. Nelsons Porträt hängt in der National Portrait Gallery, die den Trafalgar Square gemeinsam mit der noch berühmteren National Gallery säumt. Die Sammlung der National Gallery umfasst viele große Meister der Kunstgeschichte – von Botticelli, Michelangelo, Rubens, Rembrandt, Velasquez und Goya bis hin zu Picasso. Auch ein Meisterwerk von Claude Monet ist hier ausgestellt, »Houses of Parliament, Sunset«, das die nicht weit entfernten Parlamentsgebäude und die Themse darstellt.

Auf der Ostseite des Trafalgar Square zweigt The Strand ab, eine breite Straße, die im Mittelalter die erste Verbindung von der Königsresidenz in Westminster zur Londoner City bot. Der Name »Strand« kommt nicht von ungefähr. Bis zum Jahr 1865 war die Straße tatsächlich ein Flussstrand, bis zu dem die Themse hinaufreichte. Dann wurde ein Teil des Flusses mit Sand aufgeschüttet. Der Damm »Victoria Embankment« sollte Platz für ein modernes Abwassersystem schaffen. In der Zeit des britischen Kaiserreichs wurden dort viele Prachtbauten errichtet. »Coutts & Co.«, die größte Privatbank Londons, trägt etwa die Nummer 400. Sogar die Queen lässt bei dieser ehrwürdigen Bank ihre Konten verwalten. Auch das Nobelhotel Savoy sperrte an der Strand 1889 seine breiten Türen auf.

Als der eingangs erwähnte Claude Monet im Jahr 1899 im sechsten Stockwerk des »Savoy« seine Staffelei aufstellte, ahnte er nicht, dass sein Aufenthalt sechs Wochen dauern würde. 70 Werke später hatte er sich an Themse und Parlament halbwegs sattgesehen. In dem Werk, das jetzt in der National Gallery ausgestellt ist, hüllte Monet den Big Ben und alle umliegenden Gebäude in einen

1 Mark Quinns Statue einer Frau ohne Arme auf dem Trafalgar Square macht Körperbehinderung zu einem öffentlichen Gesprächsthema.
2 Schulkinder legen vor der National Gallery eine Pause ein.
3 Die Anwältin schleppt ihre schweren Akten zum Gerichtstermin in den »Inns of Court«. **4** Architekt John Soane verwandelte sein Haus schon zu Lebzeiten in ein Museum.

1 Das »Savoy« eröffnete 1889 als erstes Luxushotel Londons.
2 und **5** Seine Zimmer beherbergten Liz Taylor und Catherine Zeta-Jones. **3** Der Nachmittagstee zählt zu einem der besten der Stadt.
4 Gedämpfte Klaviermusik dringt durch die American Bar. **5** Berühmte Künstler bewunderten die Themse schon von den Suitefenstern.
6 Die Lobby wurde von Viscount David Linley gestaltet.

dichten Nebelschleier. Nur ein Hauch von Rosa von der untergehenden Sonne hängt am Himmel und spiegelt sich in der Wasseroberfläche wider.

Impressionistische Ansichten genießen Gäste in den zum Fluss hin gelegenen Zimmern und Suiten des Prachthotels, das in den zwanziger Jahren im Stil des Art déco umgestaltet wurde. Im Millenniumsjahr gesellte sich das 1600 Tonnen schwere Riesenrad »London Eye« zu den Sehenswürdigkeiten der Metropole, die vom »Savoy« aus zu bewundern sind.

Dem »Savoy« haftet seit seiner Grundsteinlegung im Jahr 1889 noch immer die Aura eines elitären Luxustreffs an. Im Lauf der Jahrzehnte verblasste sein Glanz kein bisschen. Es beherbergte ein wahres *Who is who* der Weltgeschichte. Der legendäre Küchenchef Auguste Escoffier schwang im »Savoy Grill« als Erster den Kochlöf-

5

6

fel, und César Ritz arbeitete hier als Manager, bevor er seine eigene Hotelkette gründete. Winston Churchill paffte in der Eingangshalle Zigarren, und Elizabeth Taylor verbrachte die erste ihrer sieben Hochzeitsnächte in einer Luxussuite – mit Nicky Hilton, dem Erben einer weiteren bekannten Hotelkette. Und als Julia Roberts und Hugh Grant das große Finale für den Film »Notting Hill« drehten, wählte Regisseur Roger Michell ebenfalls einen Prunkraum des »Savoy«. 2007 wurde das heute im Besitz der »Fairmont«-Gruppe befindliche Hotel einer gründlichen Renovierung für 160 Millionen Pfund unterzogen.

Wer heute noch auf Monets Spuren wandeln will, kann die vom großen französischen Impressionisten bewohnte Suite übers Wochenende mieten, wo ein Kunstlehrer jedem Malschüler drei Tage lang erklärt, wie man die Themse im besten Licht auf die Leinwand bringt. Bevor die Gäste dann zu einem der Theater im West End abrauschen, genießen sie beim »Theater Tea« im Foyer mit seinem riesigen weißen Flügel Hummerbisque im Sherryglas, Pilzvelouté mit Gänseleber und Anispudding, ganz niedlich auf einem Porzellanlöffelchen serviert.

Das vornehme Spitzenrestaurant »Savoy Grill« gehört zu einer Gruppe von Gourmettempeln, die sich im Besitz von Großbritanniens Starkoch Gordon Ramsay befinden. Küchenchef und Restaurant-Mitbesitzer Wareing zaubert hier Gänseleberparfait mit Aprikosen- und Champagnerchutney auf den Tisch und verfeinert einen echt englischen Nierenpudding mit Austern. Ein Dessert aus der Küche seiner Großmutter, »custard tart« (Eiercremetorte), servierte er der Queen zu ihrem achtzigsten Geburtstag. Diese Nachspeise stammt aus Lancashire, einer Grafschaft, der die englische Königin als Herzogin vorsteht.

Will der Küchenchef kurz ein Stoßgebet sprechen, damit seine Soufflés nicht absacken, muss er sich nur in die neben dem Hotel gelegene Savoy-Kapelle begeben, die das einzige erhaltene Bauwerk aus dem 16. Jahrhundert ist, als sich hier ein Krankenhaus für Arme befand. Die Kapelle untersteht dem Herzog von Lancaster, also dem britischen Monarchen, und ist bei den Oberen Zehntausend für die Abhaltung von Hochzeiten heiß begehrt.

Die Strand schließt unmittelbar an das Juristenviertel Holborn an und wird meist in einem Atemzug mit ihm genannt. An der Schnitt-

1

2

stelle zwischen Holborn und Strand ist das Somerset House gelegen. Dieses »Haus« ist eigentlich ein Palast aus dem 18. Jahrhundert, der einzige Zeuge aus einer Zeit, als Adelige am Themseufer ihre Landhäuser bauten. Heute sind hier drei exquisite Museen untergebracht – die Courtauld Gallery mit ihrer hervorragenden impressionistischen und post-impressionistischen Sammlung, die Gilbert Collection, die Kleinodien angewandter Kunst von der Renaissance bis hin zum viktorianischen Zeitalter beherbergt, sowie eine Dependance der St. Petersburger Eremitage.

Die mit vielen kleinen Edelsteinen besetzte Schnupftabaksdose von Friedrich dem Großen findet sich hier ebenso wie eines der wichtigsten Werke von Monets malendem Zeitgenossen Edouard Manet, das melancholisch dreinblickende Barmädchen aus den »Folies-Bergère«. Eine 400 Jahre alte überdachte Barke »The Folly« im Kellergeschoss der Gilbert Collection ist ein ehemaliges schwimmendes Kaffeehaus. Sie berichtet von einer Epoche, als die Themse noch der schnellste Transportweg durch London war.

Der Hof des Somerset House ist sehr weitläufig angelegt. Im Sommer springen hier Kinder vergnügt durch die vielen Fontänen. Im Winter drehen Eisläufer elegante Kurven vor der hell erleuchteten, imposanten Fassade des Museumspalasts.

Geht man von hier auf der Strand weiter nach Osten, gelangt man zum Zentrum der englischen Jurisprudenz, den Royal Courts of Justice. Aber zuvor sei noch schnell ein Blick auf zwei barocke Kirchen geworfen, St. Mary-le-Strand (1724) von James Gibbs und St. Clement Danes von Christopher Wren (1680), die selbst zur Zeit der Pferdekutschen wie Inseln im dichten Verkehrsnetz standen.

Die Royal Courts of Justice, ein neogotischer Gerichtshof mit 1000 Räumen, ist Besuchern frei zugänglich. Sie können so tun, als gehörten Sie dazu und die englischen Anwälte in ihren schwarzen Roben und weißen Perücken bewundern. Nur manchmal wird der Perückenzwang aufgehoben, wenn zum Beispiel einem strenggläubigen Sikh erlaubt wird, mit seinem weißen Turban als Richter einer Verhandlung vorzustehen. Obwohl er kein Adeliger ist, reden ihn die Strafverteidiger respektvoll mit »my Lord« an.

Die Büros vieler Juristen befinden sich in den Inns of Court, einem wahren Labyrinth an historischen Gebäuden, Höfen und kleinen Gassen. Da-Vinci-Code-Fans finden sich hier am Freitag um drei-

4

1 Unter St. Martin-in-the-Fields am Trafalgar Square fand man 2006 ein römisches Grab. **2** Sir Edwin Lutyens gestaltete 1939 einen Brunnen um das Nelson-Denkmal. **3** The Strand, eine der teuersten Straßen im Monopoly-Spiel. **4** Die Tempelritter errichteten im 12. Jh. die Temple Church.

zehn Uhr zu einer Führung durch die Temple Church ein, jener Rundkirche, deren Grundstein im Jahr 1185 gelegt wurde und die von neun steinernen Tempelrittern bewacht wird. Die gleich in der Nähe gelegene Middle Temple Hall ist ein Meisterwerk der Renaissancearchitektur. Angeblich führte Shakespeare hier sein Stück »Was Ihr wollt« im Jahr 1602 zum ersten Mal in Anwesenheit von Königin Elisabeth I. auf.

Geht den Juristen in ihren Büros der Tee aus, haben sie es nicht weit zum »Twinings Tea Shop« auf der Strand. Hier braute Thomas Twining im Jahr 1706 zum ersten Mal das damals noch exotische Getränk. Überkommt sie allerdings der Durst nach etwas Alkoholischem, begeben sie sich in die Old Bank of England, im 19. und 20. Jahrhundert eine Zweigstelle der Staatsbank, seit 1995 jedoch ein Gastropub.

Das Neo-Renaissance-Gebäude aus dem Jahr 1888, in dem die Old Bank of England untergebracht ist, steht an jener Stelle, an der The Strand in die Fleet Street übergeht. Einst das Zentrum der britischen Pressewelt, beherbergt die Straße jetzt hauptsächlich bekannte Herrenausstattungsgeschäfte, in denen sich die Juristen

1 Sir John Soanes Empfangszimmer war glücklicherweise nicht mit Kunstwerken vollgestopft. **2** Im Winter wird vor dem Somerset House Schlittschuh gelaufen. **3** Steven Linden in seinem Geschäft in den London Silver Vaults. **4** Das Savoy Theatre ist eines der besten im West End.

der Royal Courts of Justice dezent gestreifte Hemden kaufen. »Ede & Ravenscroft« auf der Chancery Lane ist das älteste unter allen Schneidergeschäften Englands. Schon seit dem Jahr 1689 werden dort die Galaanzüge für die königliche Familie gefertigt. Auch Lord Nelsons reich bestickte Admiralsuniform wurde hier von fleißigen Händen genäht.

Auf der Chancery Lane befindet sich ebenfalls eines von Londons bestgehüteten Geheimnissen: die Silver Vaults. Die 37 Tresorräume sind 15 Meter unter der Erde gelegen und von dicken Betonmauern umschlossen. Ursprünglich als Aufbewahrungsräume für die Wertgegenstände reicher Familien gedacht, siedelten sich hier im Kellergeschoss im Zweiten Weltkrieg vornehmlich jüdische Silberhändler an, die jetzt antike Zigarettenetuis, Fruchtschalen oder Kerzenständer verkaufen. »Zu uns kommen viele Richter und Anwälte, wenn sie etwas Besonderes für ihre Frau finden wollen«, erklärt Anthony Green, einer der Händler. »Und auch die Freundin geht dann nicht leer aus«, fügt er schmunzelnd hinzu.

Apropos Antiquitäten: Schon Anfang des 19. Jahrhunderts füllte Architekt John Soane damit sein Haus auf dem größten Platz von London, dem Lincoln's Inn Fields. Soane baute die Bank of England, deren Abriss zugunsten einer modernen Struktur als das größte »architektonische Verbrechen in London im 20. Jahrhundert« bezeichnet wurde. In seinem Privathaus sollten seine Schüler von der Royal Academy durch das Betrachten eines echten ägyptischen Sarkophags, von römischen Bronzestatuen aus Pompeji, durch Canaletto- und Hogarth-Bilder sowie vielen anderen Artefakten lernen. Auf jedem seiner im Originalzustand erhaltenen Sessel und Fauteuils liegt eine weiße Distel – damit auch ja kein Besucher in

die Versuchung kommt, sich ein paar Sekunden von dem »Sehmarathon« auszuruhen. In einem Schaukabinett bewacht ein Aufseher Originalzeichnungen von John Soane, in denen er die Gegend um den Buckingham Palast auf Papier vollkommen neu und bombastisch gestaltete. Damit sie vor dem Licht geschützt werden, sind diese Zeichnungen hinter Wandtüren versteckt.

Ein etwa 60-jähriger Museumswärter könnte Charles Dickens' »Weihnachtsmärchen« entsprungen sein. Eine leicht verblichene Stoffrose steckt in seinem etwas abgetragenen Anzug. Ohne die Besucher eines Blickes zu würdigen, richtet der Wärter seine Basedowaugen zur Kassettendecke, die jener in der Kapelle von Heinrich VII. in der Westminster Abbey nachempfunden ist. Dem würdevollen Bewacher entspringt ein wahrer Schwall an Information über John Soanes Leben und Werk. Als einer der Besucher die Holztüren mit den gut geschützten Bildern selbst öffnen will, tönt sofort ein *Don't touch the doors!* durch den Raum. Londons Kunstschätze sind beeindruckend, doch wehe dem, der sie berührt!

Holborn & The Strand – Rund um das Savoy-Hotel

Sehen & Erleben
Savoy-Kapelle, Savoy Hill (Die einzige Kirche in Großbritannien, die nur dem britischen Monarchen untersteht, aus dem 15. Jh.).
Somerset House, The Strand, www.somerset-house.org.uk (Courtauld- und Gilbert-Sammlungen, Dependance der russischen Eremitage, Manets »Folies-Bergère«, diverse Events).
Royal Courts of Justice, The Strand (Mo–Fr 9–16:30 Uhr).
Sir John Soane's Museum, Lincoln Inn Fields 13, www.soane.org (Di–Sa 10–17 Uhr, beeindruckende Sammlung von Antiquitäten und Kunstwerken in Soane's Privathaus).
St. Mary-le-Strand, The Strand (James Gibbs, 1724).
St. Clement Danes, The Strand (Christopher Wren, 1680).
Temple Church, Temple Inn, www.templechurch.com (für genaue Öffnungszeiten).

Übernachten
******Savoy-Hotel*, The Strand, Tel. 0 20-78 36 43 43, Fax 0 20- 72 40 60 40, www.fairmont.com/savoy, E-Mail: savoy@fairmont.com (die Grande Dame unter Londons Nobelhotels).

4

*****Thistle Trafalgar Square*, Whitcomb Street, Trafalgar Square, Tel. 08 70-3 33 91 19, Fax 08 70-3 33 92 19, www.thistlehotels.com, E-Mail: TrafalgarSquare@Thistle.co.uk (In einer ruhigen Straße hinter der National Gallery gelegen.)
****Strand Palace Hotel*, The Strand 372, Tel. 0 20-73 79 47 37, Fax 0 20-74 97 41 34, www.strandpalacehotel.co.uk, E-Mail: Reservations@strandpalacehotel.co.uk (jüngst modernisiertes Art-déco-Hotel).

Essen & Trinken
Savoy Grill, The Strand, Tel. 0 20-75 92 16 00 (alte englische Rezepte auf höchstem Niveau).
Old Bank of England Pub, Fleet Street 194, Tel. 0 20-74 30 22 55.

Shopping
Twinings Tea Shop, The Strand 216 (Mutterhaus der englischen Teemarke aus dem Jahr 1717).
Ede & Ravenscroft, Chancery Lane 93 (Galauniformen für die Queen).
The London Silver Vaults, Chancery House, Chancery Lane (Mo–Fr 9–17:30 Uhr, Sa 9–13 Uhr).

U-Bahn-Stationen
Embankment, Temple, Holborn, Charing Cross

1

2

3

4

Ein Platz für Literaten

Bloomsbury

Charles Dickens, Virginia Woolf und viele andere berühmte Autoren siedelten sich in den Häusern an den lauschigen Plätzen von Bloomsbury an. Inspiriert von den Kulturschätzen im nahegelegenen British Museum, brachten sie ihre Gedanken leicht zu Papier.

Tick, tack, tick, tack schlägt die antike Standuhr im Vorzimmer des Dickens House Museum vor sich hin. Und das schon seit 1837, als Großbritanniens berühmtester Romancier in das Reihenhaus auf der Doughty Street 48 einzog. Charles Dickens' charmantes viktorianisches Wohnhaus wurde bereits 1925 in ein Museum umgewandelt. Es befindet sich in Bloomsbury, jenem nördlich der Oxford Street gelegenen Viertel, das im 19. und frühen 20. Jahrhundert als die Heimat der künstlerischen und literarischen Elite galt. Die kreativen Geister fühlten sich zu dem 1753 gegründeten British Museum auf der Great Russell Street hingezogen, dem eindeutigen Zentrum von Bloomsbury.

Karl Marx schrieb im Lesesaal von Großbritanniens wichtigstem Museum von 1867 bis 1894 sein Hauptwerk, »Das Kapital«. Virginia Woolf, T. S. Eliot, Aldous Huxley und George Orwell schätzten ebenfalls die reichen Bestände des Museums sowie die British Library, die einst im British Museum angesiedelt war und erst 1997 auf der Euston Road ein eigenes, modernes Heim fand. Das intellektuelle Flair der Gegend ist bis heute ungebrochen, hat doch die University of London in Bloomsbury ebenfalls ihren Sitz. Zahlreiche Institutsgebäude haben sich auf verschiedene Straßen im Bezirk verteilt. Studenten gönnen sich im öffentlichen Park auf dem Gordon Square gern eine Ruhepause. Zahlreiche Cafés und Buchgeschäfte laden zum Verweilen ein.

Als Charles Dickens in die Doughty Street am östlichen Ende des Viertels zog, war die University of London gerade mal elf Jahre alt. Im Gegensatz zu ihren 600 Jahre alten Schwesterinstitutionen in Oxford und Cambridge wurde sie erst 1836 gegründet. Wie die Universität selbst befand sich auch der Romancier zu diesem Zeitpunkt am Beginn seiner Karriere. Er lebte hier mit seiner Braut Catherine Hogarth, und drei seiner zehn Kinder kamen in dem vierstöckigen Gebäude zur Welt. Das Dickens House Museum zeugt von immenser Schaffenskraft inmitten eines turbulenten

1 Babylonischer Fries im British Museum. **2** Charles Dickens in jungen Jahren. **3** Der Literat schrieb in dem Haus auf der Doughty Street »Oliver Twist«. **4** Der Dichter auf einem unvollendeten Gemälde, das Szenen aus seinen Romanen darstellt.

Familienlebens. Charles Dickens schrieb »Oliver Twist«, während kleine Füße über enge Treppen trippelten. Gutbürgerlich ist die Atmosphäre hier. Schwere rote Brokatvorhänge umrahmen die hohen Fenster. Man kann sich lebhaft vorstellen, wie die Gäste der Dickens-Familie auf den dick gepolsterten Sofas im Salon bei einem Glas Sherry höflich Konversation betrieben.

Faszinierend ist auch der Stammbaum der Familie im Erdgeschoss, in den minutiös bis zum heutigen Tag Hunderte von Nachfahren eingetragen werden. Darunter Lucinda Dickens Hawksley, ihres Zeichens selbst Schriftstellerin. Sie ist eine der offiziellen Vertreterinnen des Dickens House Museum und veröffentlichte 2006 »Katey: The Life and Loves of Dickens' Artist Daughter«, eine Biografie über Dickens' Künstler-Tochter Katey. »Es war sehr berührend, mich in meine eigene Familiengeschichte zu vertiefen«, erzählt sie über die Arbeit an ihrem Buch.

Die Dickens-Nachfahrin schlendert gern durch die Straßen von Bloomsbury, die sich seit den Tagen ihres Ur-Ur-Ur-Großvaters nicht wesentlich geändert haben. Bloomsbury war eigentlich der erste Vorort der City of London. Hier ließ der Earl von Southampton 1665 den Bloomsbury Square anlegen, den ersten rechtwinkeligen Platz in London, der offiziell *square* genannt wurde. In späteren Jahren ließen die Earls von Bedford hübsche Reihenhäuser um weitere am Reißbrett entworfene Plätze erbauen. Lucinda Dickens Hawksley spaziert gern vom Dickens House Museum, das im Osten von Bloomsbury gelegen ist, in den westlichen Teil zum Bedford Square, auf dem es seit 1770 architektonisch gesehen wenige Neuerungen gibt. Die Bausubstanz konnte seit über 200 Jahren intakt erhalten bleiben und verleiht dem Bedford Square das einheitlichste Erscheinungsbild in ganz London. Mit einer symmetrisch ausgewogenen Fassade präsentieren sich die grauen Häuserzeilen. Alle Fenster sind weiß gerahmt. Weiß sind auch die simplen Steingutblöcke, die sich in einem Rundbogen um die Eingangstüren ranken und als simple Verzierung dienen. In der Mitte von jeweils sechs Reihenhäusern steht ein mit weißem Gips verputztes Haupthaus, das vor 200 Jahren von Aristokraten bewohnt wurde, die noch etwas vermögender waren als die Kaufleute und Bildungsbürger in den grauen Reihenhäusern. Ein Unterschied musste schon noch sein.

Fünf Reihenhäuser in der Gower Street 21 (um die Ecke vom Bedford Square und nördlich vom British Museum gelegen) umfassen das Academy Hotel. Ein Hauch von Sommer weht vom hoteleigenen Garten in die gemütliche Bibliothek. Das Hotel ist im englischen Landhausstil eingerichtet, als Leitfarben wurden Pastellgrün und Gelb ausgewählt. Nur geschmackvolle Antiquitäten wurden für

1 Die ägyptische Sammlung des British Museum begeistert Kinder besonders. **2** Der runde Leseraum wurde im Jahr 2000 durch ein Glasdach ins Museum integriert. **3** Das Museum beherbergt 7 Millionen Exponate, 70 000 davon in Schaukästen. **4** Eine grazile antike Nymphe. **5** So schöne Barthaare müsste man haben!

die Ausstattung verwendet. Dicke Teppiche dämpfen jeden Schritt. Lucinda Dickens Hawksleys Lieblingsstraße in Bloomsbury ist die Lamb's Conduit Street. Sie verläuft östlich vom Great Ormond Street Hospital, einem Kinderkrankenhaus in der Nähe des Dickens House Museum, für das ihr Vorfahre als einer der ersten seine Mitmenschen zum Spenden anregte. »Fundraising« würde man so etwas heute nennen. »Auf der Lamb's Conduit Street schätze ich besonders das Buchgeschäft ›Persephone‹ Books« und ›Kennard's Deli‹ für einen schnellen Imbiss«, erklärt die Autorin. Eine weitere pittoreske Straße in Bloomsbury ist die Sicilian Avenue, eine der wenigen diagonal verlaufenden Straßen in dem Viertel. Sie ist um einiges jünger als der Bedford Square und stammt aus dem Jahr 1910. Einzigartig sind ihre ionischen Säulen, die über zwei Stockwerke in jede Fassade integriert sind.

Wenn sie ein Junge oder ein Mädchen dazu einlädt, ruht sich Lucinda Dickens Hawksley auch gern in Coram's Fields aus, einem Park, in den Erwachsene nur in Begleitung von Kindern hineindürfen. Im Sommer finden hier abends Theatervorstellungen statt.

1 Designerin Kit Kemp ließ sich von Kunstwerken der Bloombury Gruppe zu ihrem Charlotte Street Hotel inspirieren. **2** Wie ein englisches Landhaus fühlt sich das Academy Hotel an. **3** Lucinda Dickens Hawksley hat die literarische Veranlagung von ihrem Ur-Ur-Ur-Großvater geerbt. **4** Frühstück im Academy Hotel.

Dann steht der Park natürlich auch für »Große« offen. Coram's Fields wurde nach Thomas Coram benannt, einem Kapitän, der nach einem langen Aufenthalt in den amerikanischen Kolonien entsetzt über das Leid von Kleinkindern in der Hauptstadt des Königreichs war. Aufgrund der damals allzu weit verbreiteten Gin-Sucht (jedes fünfte Haus beherbergte einen Gin-Laden!) wurden viele Babys einfach in den Straßen ausgesetzt, wo sie dann oft verhungerten. Coram gründete im Jahr 1756 ein Heim für Findlinge, das bis 1954 bestehen blieb.

Im prächtigen Ziegelbau des Foundling Museums (Brunswick Square 40) am nördlichen Rand von Coram's Fields ist jetzt ein Museum angesiedelt. 27 000 Kindern konnte in fast 200 Jahren geholfen werden. Sie blieben bis zum Alter von 18 Jahren im Foundling Hospital und erlernten hier einen Beruf. Einige von ihnen hatten noch Eltern, die sie allerdings nicht großziehen konnten. Im Museum ausgestellt sind berührende Andenken wie gestrickte rote Herzen, Gedichte oder eine einfache Haselnuss. Mütter ließen diese Souvenirs mit ihren Kindern zurück, um ihre Sprösslinge daran vielleicht eines Tages wiedererkennen zu können. Charles Dickens' »Oliver Twist« wäre im Foundling Hospital also sicher besser aufgehoben gewesen als in dem Arbeitshaus für Kinder oder bei Mr. Sowerberry, dem Leichenbestatter.

Der berühmte Barockmaler William Hogarth eröffnete im Foundling Hospital eine Kunstgalerie, um wohlhabende Gönner zum Spenden zu bewegen. Seine Werke sowie die seiner Malerkollegen Joshua Reynolds und Thomas Gainsborough sind auch heute noch im fein verzierten Rokokosaal des einstigen Kinderheims ausgestellt. Georg Friedrich Händel, selbst ein Waisenkind, vermachte die Partitur seines »Messias« der wohltätigen Institution. Im obersten Stockwerk des Foundling Museums befindet sich die Gerald

Coke Handel Collection, eine der wichtigsten Sammlungen von Musikstücken von G. F. Händel.

In Sachen »wichtigste Zeugnisse« macht dem British Museum so schnell keine andere Institution etwas vor. Auf sieben Millionen Exponate antiker, mittelalterlicher, arabischer, afrikanischer, südamerikanischer und fernöstlicher Kunst und auf vier Kilometer Galerieraum kann es stolz verweisen. Die bekanntesten Glanzstücke umfassen Teile des Frieses vom athenischen Parthenon aus dem fünften vorchristlichen Jahrhundert sowie den Stein von Rosette aus dem Jahr 196 vor Christus, mit dessen Hilfe Jean-François Champollion 1822 die ägyptische Hieroglyphenschrift entzifferte.

Auch der größte archäologische Fund, der jemals in England zutage gebracht wurde, ist hier zu bewundern. Der Schatz von Sutton Hoo stammt aus dem Jahr 625. Damals karrten angelsächsische Krieger im heutigen Suffolk ein Schiff an Land und errichteten darin eine Grabkammer, in der sie goldene und silberne Gegenstände wie Geschirr, Broschen, Schwerter, Helme und Trinkhörner verbargen. Unglaublich, aber wahr: Auf diese Meisterwerke früher Schmiedekunst stießen Archäologen nur durch Zufall. Wenn es König Arthus wirklich gegeben hat, hätte er wahrscheinlich diese Artefakte benutzt.

Der zentrale Platz des British Museum wurde im Jahr 2000 für 100 Millionen Pfund renoviert und in Queen Elizabeth Great Court

Bloomsbury – Treffpunkt der Intelligenzia

Sehen & Erleben
British Museum, Great Russell Street, Tel. 020-73 23 80 00, www.thebritishmuseum.ac.uk (unvergleichliche Kulturschätze aus der Antike und Großbritanniens früheren Kolonien).
Dickens House Museum, Doughty Street 48, Tel. 0 20-74 05 21 27, www.dickensmuseum.com (Das einzige erhaltene Dickens-Wohnhaus in London).
The Foundling Museum, Brunswick Square 40, Tel. 0 20-78 41 36 00, www.foundlingmuseum.org.uk (Waisenhaus aus dem Jahr 1756. Sammlung von Hogarth- und Gainsborough-Gemälden).

4

Übernachten
******Charlotte Street Hotel*, Charlotte Street 15-17, Tel. 0 20-78 06 20 00, Fax 0 20-78 06 20 02, www.firmdale.com, E-Mail: charlotte@firmdale.com (Boutique-Hotel von Englands Paradedesignerin Kit Kemp. Sexy und romantisch).
*****The Academy*, Gower Street 21, Tel. 0 20-76 31 41 15, Fax 0 20-76 36 34 42, www.theetoncollection.com (Boutique-Hotel im Landhausstil).
*****Myhotel Bloomsbury*, Bayley Street 11–13, Tel. 0 20-76 67 60 00, Fax 0 20-76 67 60 44,www.myhotels.co.uk, E-Mail: bloomsbury@myhotels.com (Terence-Conran-Hotel am Bedford Square).
*****Blooms Hotel*, Montague Street 7, Tel. 0 20-73 23 17 17, Fax 0 20-76 36 64 98, www.grangehotels.com/grange_blooms_hotel, E-Mail: blooms@grangehotels.com (traditionelles, preisgünstiges Hotel gleich neben dem British Museum).

Essen & Trinken
Roka, Charlotte Street 37, Tel. 0 20-75 80 64 64 (schickes asiatisches Restaurant mit Robatayaki-Grill).
Elena's L'Etoile, Charlotte Street 30, Tel. 0 20-76 36 71 89 (uriges altes Schauspielerllokal).
Sardo, Grafton Way 45, Tel. 0 20-73 87 25 21 (Auf sardische Küche spezialisiert (Treffpunkt für Gourmetkritiker).

Ausgehen
Crazy Bear, Whitfield Street 26–28, Tel. 0 20-76 31 11 88 (Bar im Art-déco-Stil).

Shopping
Ivor Mairants Musicenter, Rathbone Place 56, Tel. 0 20-76 36 14 81.
Hobgoblin Music, Rathbone Place 24, Tel. 0 20-73 23 90 40 (In beiden Geschäften lassen Paul McCartney und Eric Clapton ihre Gitarren stimmen.).

U-Bahnen-Stationen
Euston, Russell Square, King's Cross, Tottenham Court Road

1 **Frühstück bei Oscar's, dem Restaurant im Charlotte Street Hotel.**
2 **Die Suite im Charlotte Street Hotel strahlt in sanften Rottönen.**
3 **Hoteldesignerin Kit Kemp verwendet gerne kräftige Stoffmuster.**
4 **Die Firmdale-Gruppe errichtet seit den achtziger Jahren mehrere schicke Hotels in der Londoner Innenstadt.** **5** **Eine freundliche Besitzerin lädt in ihr französisches Restaurant Elena's Etoile ein.**

umbenannt. Großbritanniens Paradearchitekt Norman Foster überdachte ihn mit einem mosaikartig angelegten Glasgewölbe, das aus 1656 Scheiben besteht. Aufgrund der Wölbung hat jede dieser Scheiben eine andere Form. Der Great Court (übersetzt »Großer Hof«) ist damit der größte überdachte Platz Europas. Hier befinden sich auch einige Geschäfte und ein Café, wobei der Great Court den Besuchern länger offen steht als das Museum.

Eine wahre Ausgehmeile ist die Charlotte Street. Man erreicht sie, wenn man vom Nordende des British Museum die geschäftige Tottenham Court Road überquert und dann auf der Goodge Street nach Norden in die Charlotte Street abbiegt. Die Straße ist im Grunde schon in Fitzrovia gelegen, einem Bezirk, der eigentlich zu Bloomsbury dazugerechnet wird. Sowohl Virginia Woolf als auch George Bernard Shaw wohnten auf dem Fitzroy Square 29.

Auf der Charlotte Street Nr. 37 befindet sich das edle japanische Restaurant »Roka«. Hier können die Gäste sechs verschiedenen Köchen dabei zusehen, wie sie Fisch, Fleisch und Gemüse schnell auf Robatayaki-Platten anbrutzeln. Im Keller befindet sich eine Bar, in der Stammgäste Gewürze und Früchte ihrer Wahl in großen Töpfen mit koreanischem »Sochu«-Schnaps ansetzen lassen. Das Eis für die Cocktails wird wie anno dazumal von einem großen Block gehackt.

Eine ganz andere Atmosphäre herrscht in »Elena's Etoile«. Dieses französische Restaurant zollt britischen Oscar-Gewinnern mit Fotos an den Wänden Tribut. Eine rauchschwere Patina hängt an den Wänden. Die über 80-jährige Wirtin Elena Salvoni führt das Kommando und mustert jeden Gast, der durch die Lokaltür kommt.

Das Charlotte Street Hotel ist in einer ehemaligen Fabrik für zahnärztliche Produkte untergebracht. Die englische Hoteldesigne-

4

rin Kit Kemp entwarf 1985 das Dorset Square Hotel, eines der ersten Boutique-Hotels weltweit. Ihr Markenzeichen: Kein Zimmer gleicht dem anderen. Kit Kemp ließ sich für das Charlotte Street Hotel vom Quvre der Bloomsbury Group inspirieren, jener Gruppe von Künstlern um Virginia Woolf, die zwischen 1900 und dem Zweiten Weltkrieg neue Wege beschritten und lautstark die viktorianische Moral von sich wiesen. Kit Kemp entwarf zum Beispiel eine Tapete, die einem Holzschnitt aus dem Hogarth-Verlag von Virginia und Leonard Woolf nachempfunden ist. Die Fresken im Hotelrestaurant »Oscar« sind eine zeitgenössische Interpretation der »Szenen aus dem Londoner Leben« aus dem Jahr 1916 von Roger Fry und seiner Künstlerwerkstätte Omega. Ein Großteil des Hotelbudgets floss in die Anschaffung von Kunstwerken, sowohl von der Bloomsbury Group wie auch aus unserer Zeit. Eine kleine dicke Bronzekatze des kolumbianischen Künstlers Fernando Botero schaut erschrocken in der Eingangshalle des Hotels um sich. Sie wird doch keine Angst vor Virginia Woolf haben?

5

1

2

3

4

Pfundige Funde

Die City of London – Finanzzentrum Europas

Unter dem eigentlichen Stadtkern von London verbergen sich viele Schätze aus vergangenen Jahrhunderten. Über der Erde schaffen 300 000 Finanzexperten in über 500 Kreditinstituten täglich neue Reichtümer.

Ob J. K. Rowling wohl einen Pakt mit dem Londoner Fremdenverkehrsbüro abschloss, bevor sie »Harry Potter« zu schreiben begann? Ein wichtiges Indiz spricht für den Verdacht: Bereits der erste Band in der Abenteuerserie macht den jugendlichen Leser süchtig nach London. Über Jahrzehnte hinaus werden also Millionen von Kindern all jene Orte in der Stadt besuchen wollen, in denen der Magier mit dem Blitz auf der Stirn herumgeisterte. Was Touristen betrifft, hat London auf Jahre ausgesorgt.

Bezeichnenderweise siedelte Rowling Harrys erste Begegnung mit der Zaubererwelt in der City of London an, dem eigentlichen Herzen der Stadt. Harry begibt sich in den »Tropfenden Kessel«, ein Pub, in dem es vor Hexen und Zauberern nur so wimmelt. Von dort aus erlangt er Eintritt in die Winkelgasse und zur Gringotts-Bank, wo in Gewölben ganz tief unter der Erdoberfläche fabelhafte Schätze gehortet werden.

Als Film-Location für den »Tropfenden Kessel« verwendete Regisseur Chris Columbus ein kleines Geschäft am Leadenhall Market auf der Leadenhall Street, dem früheren Geflügelmarkt von London. 1881 wurde er in eine viktorianische Einkaufspassage verwandelt. Das verschnörkelte rötlich-goldene Puppenhausinterieur eignete sich prächtig für Harrys stimmungsvolles Entrée in magische Gefilde. Im wirklichen Leben tummeln sich am Leadenhall Market mittags hauptsächlich Makler in Maßanzügen, die rasch ein Sandwich verdrücken, bevor sie gehetzten Schrittes wieder zur Arbeit in der Börse und in die über 500 Banken zurückkehren.

Die City of London, ein 2,6 Quadratkilometer großer Bezirk zwischen der Tempel-Kirche im Osten und dem Tower im Westen, besteht aus einem interessanten architektonischen Mix: Mittelalterliche Häuser gehen nahtlos in barocke und viktorianische Kolossalbauwerke und moderne Hochhausriesen über. Die City umfasst des Gebiet der römischen Siedlung Londinium, die vom ersten bis zum fünften nachchristlichen Jahrhundert entlang dem Themse-

1 Die Tower Bridge zur blauen Stunde. **2** In der Londoner City haben sich mehr ausländische Banken als irgendwo anders auf der Welt niedergelassen. **3** Ein goldenes Engelsmosaik in der St. Paul's Cathedral. **4** Prachtvoll barock: der Baldachin über dem Altar von St. Paul's.

1 Im Londoner Tower ließen zwei Königinnen ihr Leben. **2** Die alte Börse ist heutzutage ein exklusives Einkaufszentrum. **3** Die Einkaufspassage Leadenhall Market war Vorbild für Harry Potters Winkelgasse. **4** In der St. Paul's Cathedral ist der Sitz der Diözese von London.

Ufer florierte. Wo sich die Straßen London Wall und Noble Street kreuzen, finden sich auch heute noch gut erhaltene Überreste der alten römischen Stadtmauer.

Im Mittelalter gründeten die Handwerker in der City die ersten Zünfte. Viele Straßennamen erinnern daran, wer wo seinen Beruf ausübte. Cannon Street hieß zum Beispiel ursprünglich Candlemaker Street, die Straße der Kerzendreher. Aus den Zünften gingen schließlich die ersten Warenbörsen und im Zuge dessen das moderne Handelswesen hervor. Im 21. Jahrhundert ist die City of London die viertgrößte Finanzmetropole der Welt. 300 000 Menschen kommen hier tagtäglich zur Arbeit. Viele von ihnen zaubern mehrere Milliarden Pfund innerhalb von Sekunden über Kontinente hinweg. Und das ganz ohne Zauberstab!

Wie in »Harry Potter und der Stein der Weisen« verbergen sich auch echte Schätze drei bis vier Meter unter dem City-Asphalt. Im Jahr 1912 fand ein Bauarbeiter eine Kiste mit 230 juwelenbesetzten Schmuckstücken, die ein Goldschmied im Bürgerkrieg (1642

4

bis 1649) wahrscheinlich vergraben hatte. Als Archäologen 2001 die Überreste einer römischen Villa untersuchten, auf der ein neues Bürogebäude hochgezogen werden sollte, stießen sie auf einen Lederbeutel mit 43 Goldstücken. All diese Kostbarkeiten sind im Museum of London auf der London Wall aufbewahrt, dem größten stadtgeschichtlichen Museum der Welt.

Das Museum of London ist Teil des Barbican Arts Center, das im Jahr 2003 zum hässlichsten Bauwerk Großbritanniens gewählt wurde. »Barbican« bedeutet auf Lateinisch »befestigter Außenposten«, und als Vorreiter für brutalistische Architektur hat sich Europas größtes Kunst-Mehrzweckzentrum immer verstanden. Hier finden auch Film-, Theater-, Tanz- und Musikvorführungen statt. Der unkaschierte Betonverputz des Barbican steht in krassem Widerspruch zur übrigen historischen Stadtlandschaft. In den Wohnblöcken leben 4000 Menschen in exorbitant teuren Wohnungen. Einige von ihnen haben ihr eigenes Gärtchen. Die Bewohner schätzen die autofreie Umgebung und den Umstand, dass sie im Zentrum der Stadt vielen kulturellen Organisationen beitreten können. Die Leute im Barbican sind fast die einzigen Bewohner der City.

Im historischen Stadtkern springen noch einige andere moderne Bauten ins Auge. Großbritanniens »Über-Architekt« Norman

1 Der Wolkenkratzer-Gurke wird sogar eine erotische Qualität zugesprochen. **2** Wie Ameisen in einem Haufen schwirren die Angestellten in Lloyd's of London herum. **3** Die höchstgelegene Bar im Tower 42 gewährt einen beeindruckenden Ausblick über die ganze Stadt. **4** Über die London Bridge treten Finanzexperten ihren Heimweg an.

Foster entwarf für den Schweizer Rückversicherungskonzern Swiss Re Londons neues Wahrzeichen, das St. Mary's Axe 30 (2004). Das Wunderwerk moderner Technik ist allgemeinhin als »The Gherkin«, die »Essiggurke«, bekannt. Foster kreierte den kegelförmigen, grün verglasten Wolkenkratzer in Zusammenarbeit mit einem Technikerteam. Gemeinsam gelang es ihnen, das Gebäude so zu gestalten, dass es nur halb so viel Energie verbraucht wie ein Hochhaus von vergleichswerter Größe. Sie entwarfen ein ausgeklügeltes Schachtsystem, welches das ganze Gebäude gleichzeitig entlüftet und isoliert.

Norman Fosters früherer Geschäftspartner Richard Rogers baute einen hypermodernen Wolkenkratzer für den Versicherungskonzern Lloyd's of London (1986). Rogers war auch der Architekt des Centre Pompidou in Paris. Wie im französischen Museum hängen im stählernen High-Tech-Palast auf der Lime Street funktionelle Konstruktionselemente wie Liftschächte, Treppen und sogar Klosetts an der Außenseite des Gebäudes. Dadurch erzielte der Architekt einen durchgehenden Innenraum. Jedes Stockwerk kann nach Bedarf mit Trennwänden unterteilt werden. Im Erdgeschoss befindet sich die berühmte Glocke des königlichen Schiffes »HMS Lutine«, das im Jahr 1799 mit einer ganzen Ladung Gold vor der holländischen Wattinsel Texel versank. Bis zum heutigen Tag wurde der Schatz nicht gefunden. 1858 wurde jedoch die Schiffsglocke gehoben. Sie gehört dem Versicherungskonzern Lloyd's, der damals für den Schadensersatz aufkam. Heutzutage wird die Glocke bei großen Katastrophen geschlagen, zum Beispiel nach dem 11. September 2001 oder der Londoner Attentatsserie vom 7. Juli 2005.

Der Postman's Park zwischen der King Edward, der Little und der Angel Street ist ein kleiner Platz, an dem weitgehend unbekannter Menschen gedacht wird, die für andere ihr Leben opferten. Der Maler G. F. Watts (1817–1904) kam Anfang des 20. Jahrhunderts auf die Idee, eine Wand aus Keramikschildern zu gestalten, auf denen Menschen wie Mary Rogers in reichlich dekorierter Jugendstilschrift ein Andenken gesetzt wird. Sie war Stewardess auf dem Schiff »Stella« und ging freiwillig 1899 unter, damit andere gerettet werden konnten.

3

4

Der romantische Postman's Park befindet sich genau vor dem St. Bartholomew's Hospital auf der Giltspur Street, dem ältesten bestehenden Krankenhaus von London. Bereits 1123 wurde es vom augustinischen Prior Rahere gegründet. Neben Fresken von William Hogarth (1697–1764) enthält es die einzige Statue von Heinrich VIII. in der Stadt. Sie thront majestätisch über dem klassizistischen Haupteingang aus dem Jahr 1702.

Fans der Filme »Vier Hochzeiten und ein Todesfall« und »Shakespeare in Love« werden die zum Krankenhaus gehörige Kirche St. Bartholomew's the Great gleich erkennen. Sie ist die älteste erhaltene Pfarrkirche in ganz London. Ihre wuchtigen normannischen Säulen aus dem 12. Jahrhundert strahlen eine simple Eleganz aus. Ein fein ziseliertes Grabmal aus dem 15. Jahrhundert enthält die sterblichen Überreste des Krankenhausstifters Rahere.

Gleich hinter dem Krankenhaus St. Bartholomew's zwischen der West Smithfield und der Charterhouse Street befindet sich in einer viktorianischen Halle der älteste bestehende Fleischmarkt in ganz London. »Smithfield« sollte man am besten um vier Uhr früh besuchen, wenn Metzger in blutigen Schürzen die saftigsten Filets für die Köche feiner Restaurants einpacken. Sobald die Arbeit um neun Uhr morgens getan ist, genehmigen sich viele Arbeiter ein echtes englisches Frühstück. Danach erst legen sie sich zu Hause aufs Ohr. Das Jugendstil-Pub »Fox & Anchor« auf der Charterhouse Street ist eines ihrer Anlaufstellen. Dort laben sie sich an Blutwurst, Speck, Spiegeleiern, Bohnen, Würstchen, Toast sowie gerösteten Tomaten und Pilzen. Diese Kalorienbomben spülen sie mit einem kühlen Bier hinunter. Um den Smithfield Market herum haben in den letzten Jahren schicke Bars, Restaurants und Diskotheken ihre Tore für Nachtschwärmer geöffnet. Häufig kreuzen sich ihre Heimwege mit denen der Metzger, die am frühen Morgen die Arbeit antreten.

Bevor die erste St. Paul's Cathedral den Flammen des Großen Brandes von 1666 zum Opfer fiel, streunten in ihr viele Menschen herum. Pferdemärkte und Ballspiele fanden in der romanischen Kirche statt. Der Große Brand machte insgesamt über 13 200 Häuser und 87 Kirchen auf 400 Straßen dem Erdboden gleich, darunter auch St. Paul's. Nach der Löschung der Feuer verordnete König Karl II., dass nur mehr Ziegel und Stein als Baumaterialien verwendet werden durften. Holz wurde strengstens verboten.

Mit dem Wiederaufbau des ursprünglichen Londoner Stadtkerns wurde Christopher Wren (1632–1723) beauftragt. Er gestaltete an

1 Lichtspiel im Threadneedles Hotel. **2** Ein rotes Kissen setzt einen netten Akzent in der Suite des Threadneedles Hotel. **3** Wie ein überdimensionales, elegantes Wohnzimmer präsentiert sich die Lobby. **4** In der Hotelbar erholen sich viele Banker nach einem harten Tag an der Börse. **5** In der Bar von Vertigo 42 werden nur Champagner und Cocktails serviert.

die 50 Kirchen, von denen mehrere heute noch erhalten sind. 58 Wren-Türme auf diversen Bauwerken ragen in der City dem Himmel entgegen. Die 61 Meter hohe dorische Gedenksäule auf der Kreuzung von Monument Street und Fish Street Hill ist genau 61 Meter von der Pudding Lane entfernt, der Straße, wo der Brand seinen Ausbruch nahm. Von der Plattform an der Spitze lässt sich die Tower Bridge sehr gut fotografieren.

Die 20 Meter hohe, imposante Kuppel der Kirche St. Stephen's Walbrook (1672–1680) auf der Walbrook Street war eine Vorstudie für Wrens Meisterwerk, die St. Paul's Cathedral. St. Stephen's Walbrook erinnert in ihrem lichtdurchfluteten, zur Meditation verleitendem Innenleben an eine byzantinische Kirche. Ein Großteil des Mobiliars stammt noch aus dem 17. Jahrhundert. Den Altar gestaltete der moderne Bildhauer Henry Moore (1898–1986). Wegen seiner runden und leicht eingedrückten Form wird der

Gabentisch im Volksmund »Camembert« genannt. St. Paul's (1675 bis 1708) war die erste richtige Kathedrale der anglikanischen Glaubensgemeinschaft. Sie sollte ein Gegenstück zum Petersdom in Rom darstellen. Ihre Kuppel wiederum wurde im amerikanischen Kongressgebäude imitiert. Den wohl besten Eindruck von der Kirche in all ihrer Pracht erlangt man von der Whispering

Gallery am Innenring der Kuppel, 259 Stufen über dem Hauptschiff. Schwindelfreie Besucher können hier »Stille Post« spielen. Flüstern sie etwas in die Mauer, hören es andere Besucher, die meterweit entfernt stehen.

Eine herrliche Glaskuppel ziert auch die Lobby des Threadneedles Hotel gegenüber der mächtigen Bank of England. Hier befand sich ursprünglich eine Zweigstelle der Midlands-Bank. Die Kuppel wurde im Jahr 1856 mit Blumenornamenten von Hand bemalt. »Threadneedles« ist ein Privathotel in der »Eton Collection«. Besitzer Peter Tyrie konnte die ursprünglichen Eichentüren und Marmorsäulen der Bank erhalten. Viel braune Lederbespannung spricht besonders die Business-Klientel an. Sanfte Beige-, Aprikosen- und Zinnobertöne runden das moderne Dekor ab. Himmlisch gemütlich sind die Betten in den geräumigen Zimmern und Suiten. Sie alle sind mit luxuriösestem »Frette«-Leinen aus Italien bezogen.

Das französische Hotelrestaurant »Bonds« bietet einen besonderen Service an: Es bereitet das Wildbret zu, das die Jäger unter den Finanzexperten nach einem Wochenende auf dem Lande in die City mitbringen. Solang nicht Harry Potters Eule Hedwig in den Topf kommt, ist ja alles in Butter …

The City – Die Schätze der Gringotts-Bank

Sehen & Erleben

Tower of London (Londons älteste Burg aus dem 12. Jh. Die Kronjuwelen sind hier! Tickets online bestellen oder frühmorgens Schlange stehen. http://hrp.org.uk/tower).
Guildhall, Gresham Street
(Sitz der Bezirksverwaltung der City of London).
St. Paul's Cathedral, Ludgate Hill
(Christopher Wrens Meisterwerk. Herrlicher Blick von der Flüstergalerie am Kuppelinnenrand).
St. Stephen's Walbrook Church, Walbrook Street 39
(Vorstudie für St. Paul's. »Camembert«-Altar von Henry Moore).
St. Bartholomew's the Great, Clothfair Street
(älteste Pfarrkirche von London aus dem 12. Jh.).
Monument of London (Gedenksäule für den Großen Brand von 1666. Beste Aussicht auf die London Bridge).
Barbican Centre, Whitecross Street, www.barbican.org.uk
(Kulturzentrum im brutalistischen Stil aus dem Jahr 1982. Erstklassige Vorführungen).
Lloyd's of London, Lime Street (Richard Rogers kehrte die Innenteile dieses Métallisé-Hochhauses nach außen).
Swiss Re Building, St. Mary Axe 30
(grüner »Essiggurken«-Turm von Norman Foster).

Übernachten

******Threadneedles*, Threadneedle Street 5, Tel. 0 20-76 57 80 80, www.theetoncollection.com, E-Mail: resthread-needles@theetoncollection.com (exklusives Hotel für Geschäftsreisende. Gute Wochenendangebote!).

5

*****196 Bishopsgate*, Bishopsgate 196, Tel. 0 20-76 21 87 88, www.196bishopsgate.com E-Mail: reservations@196bishopsgate.com.
****City Hotel*, Osborn Street 12–20, Tel. 0 20-72 47 33 13, Fax 0 20-73 75 29 49, www.cityhotellondon.co.uk, E-Mail: info@cityhotellondon.co.uk.

Essen & Trinken

Vertigo 42, Tower 42, Old Broad Street 25, Tel. 0 20-78 77 78 42 (Beste Aussichten über die ganze City vom 42. Stock).
Club Gascon, West Smithfield 57, Tel. 08 71-3 32 85 26 (exzellentes südwestfranzösisches Restaurant).
Barbican Grill, Whitecross Street 117, Tel. 0 20-72 56 68 42 (Pub im Fünfzigerjahre-Dekor, untouristisch, billig und gut).

Ausgehen

Corney & Barrow, Paternoster Square 10, Tel. 0 20-76 18 95 20 (Weinbar am autofreien Platz vor der St. Paul's Cathedral).
Floridita, Wardour Street 100, Tel. 0 20-73 14 40 00 (kubanisches Restaurant und Bar, Joint Venture mit dem gleichnamigen Restaurant in Havanna).

Shopping

Leadenhall Market, Leadenhall Street (viktorianische Einkaufspassage zwischen Lime Street und Gracechurch Street).
Royal Exchange, Threadneedle Street
(edles Einkaufszentrum in der ehemaligen Börse).

U-Bahn-Stationen

Bank, Monument, Liverpool Street, Barbican, St. Paul's

1

2

3

4

Goldhände in Goldfingers Haus

Mayfair & St. James – Aristokraten am Werk

Viscount David Linley, Neffe der Queen, fertigt in einem Haus von Architekt Ernö Goldfinger exklusive Möbel. Er ist in guter Gesellschaft: Im Nobelbezirk hinter dem Piccadilly Circus verwöhnen Maßschneider und Schuhmacher eine anspruchsvolle Klientel.

James Bond-Autor Ian Fleming (1908–1964) wollte sich rächen. In seiner Nachbarschaft in Hampstead hatte sich Architekt Ernö Goldfinger erdreistet, eine viktorianische Häuserzeile durch einen schmucklosen Neubau zu ersetzen. Fleming wehrte sich daraufhin mit der Feder. Und nannte den Schurken in seinem siebten James Bond-Roman aus dem Jahr 1959 prompt »Goldfinger«.

Ernö Goldfinger, ein in Ungarn geborener Architekt, war lange Jahre kein Liebling der britischen Architekturszene. Zu rau und brutal erschienen Bauten wie der stockzahnartige Wohnhausturm Trellick Tower (1972) in Notting Hill. Doch wie so oft mit Werken, die anfangs auf Ablehnung stoßen, wurden Goldfingers Kreationen 30 Jahre nach ihrer Erschaffung zu Klassikern.

Eines seiner Bauwerke steht im Nobelbezirk Mayfair. Auf der Albemarle Street 46 gestaltete Goldfinger 1956 ein Bürogebäude, das sich aufgrund seiner ausgewogenen Proportionen harmonisch in die Reihenhauszeile aus dem 18. Jahrhundert einfügt. Und das trotz fast durchgehender Glasfassaden, die sich perfekt für die Wohnung eines James Bond der sechziger Jahre geeignet hätte.

Das Gebäude adaptierte Viscount David Linley, Sohn von Prinzessin Margaret und Neffe von Königin Elizabeth, im Jahr 2005 als Verkaufsraum für sein Möbeldesigngeschäft. Dort fertigt er Klassiker von morgen: Tische, Stühle, Betten und Accessoires aus Edelhölzern mit klassischem Anstrich und feinen Einlegearbeiten. Für die Frisierkommode »Attica« zum Beispiel passte er Platanen- und Rosenholz zusammen. Das Einzelstück ist zum stolzen Preis von 21 300 Euro erhältlich.

Die Nummer zwölf in der englischen Thronfolge fühlt sich wohl in Mayfair, jenem Bezirk westlich des touristischen Piccadilly Circus, der von der Oxford, Regent und Piccadilly Street sowie der Park Lane begrenzt wird. Im Schatten des königlichen Palasts von

1 Nur die Kronjuwelen sind noch wertvoller als die Schmuckstücke auf der New Bond Street. **2** Königin Elisabeth und Prinz Philipp bei der jährlichen Geburtstagsparade der Regentin. **3** Belesene Teekannen bei Whittard's. **4** Eine Menschenmenge wartet bei der »Trooping The Colour«-Parade vor dem Buckingham Palast auf die Monarchin.

1

2

3

1 Ein Gardesoldat schwitzt im Juni unter seiner Bärenfellmütze. **2** Milady mit der Goldtüte betrachtet die Kaschmirpullover in der Burlington Arcade. **3** Worüber Franklin D. Roosevelt und Winston Churchill auf der New Bond Street wohl lachen? **4** Die Herren von Turnbull & Asser auf der Jermyn Street passen jedem ein perfektes Hemd an. **5** Die handgefertigten Schuhe von G. J. Cleverley drücken bestimmt nicht.

St. James's und des ihn umgebenden Viertels ließ sich vor 300 Jahren die höfische Welt nieder. Auf drei eleganten Plätzen, dem Hanover, Grosvenor und Berkeley Square entstanden hübsche Palais. Da die vornehme Gesellschaft ausgestattet werden musste, folgten ihr viele Gewerbetreibende auf den Fuß. In der Saville Row ließen sich etwa die Anzugsschneider nieder, in der Jermyn Street die Hemdenmacher. Und viele dieser traditionsreichen Betriebe haben sich bis zum heutigen Tage erhalten.

Im 21. Jahrhundert hat der Standesdünkel ein wenig nachgelassen, und ein Aristokrat mit »goldenen Händen« hat erkannt, dass Handwerk goldenen Boden hat. Linleys Kunsttischlerei floriert schon seit 20 Jahren. In letzter Zeit verkauft er nicht nur mehr an

4

5

die britische Oberschicht, sondern auch an russische Oligarchen, die sich im sündteuren Mayfair eine Bleibe leisten können.

Linleys Geschäft auf der Albemarle Street ist gut platziert. »Wir nennen die Gegend ›Wobo‹, West of Bond Street«, meint der Graf. Die Bond Street, die Hauptstraße von Mayfair, ist in die Old und die New Bond Street unterteilt. Hier haben edle Schmuckgeschäfte wie »Tiffany« und »Cartier« oder Modeschöpfer wie Yves Saint Laurent und Giorgio Armani ihr Hauptquartier. Wäre eigentlich schade, wenn die Bond Street keine »007«-Connection hätte. Tut sie aber!

In einem stillen Hinterhof an der Ecke zur Brook Street führt Geoffrey Moore, der Sohn von Roger Moore, dem »James Bond«-Darsteller der siebziger Jahre, einen Lokalkomplex bestehend aus Restaurant, Brasserie und Bar. In »Hush« werden französische Gerichte wie Gänseleber mit Cointreausauce serviert. Filmschauspieler und Adelige genehmigen sich hier den »Hush«-Cocktail (Taittinger Champagner, Chambord, Orangenbitter und Himbeerpüree). Der Herrenmaßschneider Brioni an der Ecke der Burton und Bond Street hat seit 1995 einen Exklusivvertrag, Anzüge für »James Bond«-Filme herzustellen.

Die Albemarle Street, wo David Linley zu Hause ist, verläuft parallel zur Bond Street. Ein paar Häuser weiter von David Linleys Geschäft befindet sich das Brown's Hotel. Es wurde 1837 von James und Sarah Brown gegründet, dem Kammerdiener und Zimmermädchen des romantischen Dichters Lord Byron, und rühmt sich, das älteste Hotel Londons zu sein. Die elf nebeneinander liegenden Reihenhäuser wurden 2005 von Luxushotelier Rocco Forte für 30 Millionen Euro restauriert.

Fortes Schwester, die Innenarchitektin Olga Polizzi, leitete die Umgestaltung der Räume. Sie verwendete natürliche Materialien wie Leinen und Seide für Betten und Stühle. Ihr eleganter Minimalismus harmoniert gut mit den alten Holzfußböden und antiken Kunstwerken, die sie für jedes der 117 Zimmer individuell aussuchte. In den Mansardenzimmern sind die Fensterbänke beson-

1 Viscount David Linley fertigt Antiquitäten von morgen. **2** Der Nachmittagstee wird im Brown's Hotel in silbernen Kannen serviert. **3** Altes und Neues ist in der Lobby des Brown's Hotel perfekt kombiniert. **4** Der »Dschungelbuch«-Autor Rudyard Kipling verbrachte seine Flitterwochen im Brown's. Diese Suite ist nach ihm benannt. **5** David Linley Gallery. **6** und **7** Treppe in den Restauranthimmel des »Sketch« auf der Conduit Street. Es ist für sein ausgefallenes Design bekannt.

ders kuschelig: von ihnen aus hat man einen schönen Blick auf die Albemarle Street. Frühmorgens sieht man, wie Lieferanten riesige Blumenarrangements in vornehme Geschäfte liefern und Putzfrauen die ohnedies blitzblanken Auslagenfenster noch glasklarer schrubben.

In jedem Zimmer steht sogar eine Auswahl an klassischen englischen Romanen in den Regalen. Gäste können sich in »Oliver Twist« von Charles Dickens oder »Der bunte Schleier« von William Somerset Maugham vertiefen. Auch in Bertrams Hotel von Agatha Christie. Angeblich siedelte die erfolgreichste Krimiautorin aller Zeiten die Handlung des Romans im Brown's Hotel an. Jedes der Zimmer ist ebenfalls mit modernen High-Tech-Geräten wie einer iPod-Dockstation ausgestattet. Das Haus kann auf eine lange technische Tradition zurückblicken: Im Jahr 1876 machte Alexander Graham Bell den ersten Telefonanruf in Großbritannien vom Brown's Hotel aus.

Parallel zur Bond Street und Albemarle Street verläuft auch die Burlington Arcade. Gemeinsam mit der Royal und der Piccadilly Arcade hat sich diese viktorianische Einkaufspassage mit den »Lilliputgeschäften« seit über 100 Jahren in Mayfair in altbewährtem Glanz erhalten. Schließlich trifft man hier auch jene Handwerker an, die selbst heutzutage noch im Dienst der königlichen Hoheiten stehen. David Linley ordert seine Hemden bei »Budd Shirtmakers« in der Piccadilly Arcade (der Verlängerung der Burlington Arcade zwischen der Piccadilly und der Jermyn Street). Gleich ein paar Geschäfte weiter bietet Neal & Palmer Anzugsgilets aus Seide mit besonders ausgefallenen bunten Mustern an. Damit können die Herren beim Pferderennen in Ascot neben

5

6

7

den Damen mit ihren verrückten Hüten bestehen. G. J. Cleverly in der Royal Arcade war Winston Churchills bevorzugter Schuhmacher.

Wenn David Linley vom Arbeiten oder Einkaufen hungrig wird, verlässt er sich ebenfalls auf Tradition: Er geht gern zum Lunch ins Claridge's Hotel, einem Luxushotel im Art-déco-Stil der zwanziger Jahre, in dem Großbritanniens Starkoch Gordon Ramsey den Kochlöffel schwingt. Für das Claridge's gestaltete Linley auch die Bar und einige Suiten.

Eine weitere Art-déco-Institution, in der man auf David Linley trifft, ist das »Wolseley« auf der Piccadilly Street, das in den zwanziger Jahren ursprünglich ein Autosalon und danach eine Filiale der Barclay's Bank war. Im Jahr 2003 gestalteten Chris Corbin und Jeremy King den phantastischen Raum mit dem Mosaikfußboden, den schwarzen Säulen und weitläufigen Treppen in ein Grand Café um. Der Tee wird hier in feinen versilberten Kannen serviert, und Kaviar und Austern gehen weg »wie warme Semmeln«.

Für einen schnellen Imbiss geht Lord Linley ins Edelkaufhaus Fortnum & Mason auf der Piccadilly Street 181, das besonders für seine Picknickkörbe bekannt ist. Befrackte Verkäufer bestücken diese mit Rosenblütengelee, getrocknetem Ziegenfleisch und Babybirnen in Calvadossauce. Fortnum & Mason ist außerdem der offizielle Delikatessenlieferant des Buckingham Palace. Ob Linleys Tante Elizabeth das getrocknete Ziegenfleisch ebenfalls mundet?

David Linley ist seit Dezember 2006 der Vorstandsvorsitzende von Christie's, dem ältesten Auktionshaus der Welt. James Christie gründete das Unternehmen im Jahr 1776. 1823 zog es in die vornehme King Street in St. James's. Der Neffe der Queen ließ im Juni 2006 manch wertvollen Nachlass seiner Mutter bei »Christie's« versteigern. Das Auktionshaus erzielte für Brillant-Tiaras und Fabergé-Uhren von Prinzessin Margaret fast 14 Millionen Pfund.

Christie's Hauptrivale Sotheby's und das kleinere Auktionshaus Bonham's haben ihre Hauptfiliale ebenfalls im Bezirk Mayfair. Auf der New Bond Street, versteht sich. All jene, die gerne einem

Verkaufsspektakel beiwohnen wollen, können dies unter der Woche tun. Besucher können Kunstwerke und Pretiosen von Museumsqualität in der Galerie bewundern und dann im Auktionsraum sehen, wie sie unter den Hammer kommen. Das rege Geschäft beweist, dass Großbritannien voll ist von Aristokraten mit zu vielen Erbstücken.

David Linley hat natürlich Zutritt zum Buckingham Palace, einem von William Nash verschönten Palast aus dem 18. Jahrhundert mit über 600 Zimmern sowie zum Clarence House, wo Prinz Charles, Camilla und Prinz William und Harry zu Hause sind. Bei offiziellen Anlässen winkt der Kunsttischler mit dem Rest der Großfamilie vom allseits bekannten königlichen Balkon. Normalsterblichen ist der Eintritt zu »Buck House«, wie die königliche Residenz im Volksmund heißt, nur in den Sommermonaten gestattet, wenn die Windsors in Schottland auf Urlaub sind.

Für Tickets muss man jedoch tief in die Tasche greifen und steht dann auch noch lange Schlange. Dafür sieht man in der Galerie auch einige Rembrandts und van Dycks, zwei Canalettos und das herrliche Vermeer-Gemälde »Die Musikstunde«. In dieser farben- und formenreichen Komposition spielt eine Frau Cembalo, wendet dem Betrachter aber mysteriöserweise den Rücken zu. Besser gut hinschauen, heißt hier die Devise. Die Queen ist bekannt dafür, dass sie ihre Werke nicht für Wanderausstellungen zur Verfügung stellt.

Eindrucksvoll sind ebenfalls die »Royal Mews«, die königlichen Stallungen. Ein Prunkstück ist die mit 22-karätigem Gold beschichtete Kutsche von Georg III., die so schwer ist, dass sie mindestens sechs Pferde ziehen müssen. Hier ist auch die Autoflotte der königlichen Familie ausgestellt, darunter fünf Rolls-Royce Phantom-Modelle.

Den Buckingham Palace umgibt der St. James's Park, einer der romantischsten Parks in London. Bei den Paraden auf der »Mall«, der Prachtstraße entlang des St. James's Park, die den Buckingham Palace mit dem Trafalgar Square verbindet, zeigt sich das englische Königreich in seinem ganzen Glanz.

1 Liegestühle im Green Park. **2** Der St. James's Park, im 18. Jahrhundert Treffpunkt zwielichtiger Gestalten. **3** Timothy d'Offay in seinem Teegeschäft. **4** »The Parlor Cafe« im Restaurant »Sketch«, Conduit Street. **5** Die Piccadilly Arcade als weihnachtlich-viktorianisches Schmuckkästchen.

Wer gegen die Windsors seit der Scheidung von Charles und Di einen Groll hegt, kann dem Stadtpalais der Ahnherren der Prinzessin den Vorzug geben. Das Spencer House auf dem St. James's Place befindet sich zwar jetzt im Besitz der Familie Rothschild, hat aber noch die Originaleinrichtung aus dem 18. Jahrhundert. Unter den acht Prunkräumen wirkt der Rauchsalon mit den vergoldeten Palmensäulen am bombastischsten.

Wer Kultur ohne Massenansturm genießen will, sollte sich am besten in die Royal Academy auf der Piccadilly Street aufmachen, ein aristokratisches Stadtpalais aus dem frühen 18. Jahrhundert. Die Kunstakademie besitzt Michelangelos rundes Marmorrelief »Taddei Tondo« (1504–1505), das Jesus und Johannes den Täufer als Babys mit der Jungfrau Maria zeigt. Georg Friedrich Händel (1685–1759) komponierte im Jahr 1741 seinen »Messias« in der nahe gelegenen Brook Street. Er lebte von 1724 bis zu seinem Tod auf Nummer 25. Auf Nummer 23 wohnte der Gitarrenvirtuose Jimi Hendrix eineinhalb Jahre lang bis zu seinem Tod im Jahr 1970. Beide Musiker ehrt eine blaue Plakette. Händels Haus wurde in ein Museum umgewandelt, und die Nummer 23 wurde gleich integriert. Händel und Hendrix »jammen« einstweilen hoffentlich im Himmel!

Mayfair – Wo Handwerk noch goldenen Boden hat

Sehen & Erleben
Buckingham Palace (Königlicher Palast aus dem 18. Jh.).
Clarence House
(Residenz von Prinz Charles. Besichtigungen: Aug. und Sept.).
Royal Mews (Königliche Stallungen, von März bis Okt. geöffnet). Alle: www.royal.gov.uk
Spencer House, St. James's Place 27, www.spencerhouse.co.uk
(Sitz der Ahnherren von Prinzessin Diana aus dem 18. Jh.).
Handel House Museum, Brook St. 25, www.handelhouse.org
(In diesem Reihenhaus lebte G. F. Händel 36 Jahre lang.).

Übernachten
******Brown's Hotel*, Albemarle St, Tel. 0 20-74 93 60 20, Fax 0 20-74 93 93 81, www.brownshotel.com, E-Mail: reservations.browns@roccofortehotels.com (Londons ältestes Hotel von 1837). Minimalistisch elegant, aber doch traditionell. Im Jahr 2005 von der Gruppe Rocco Forte restauriert).

5

******Claridge's*, Brook Street, Tel. 0 20-76 29 88 60, Fax 0 20-74 99 22 10, www.claridges.co.uk, E-Mail: info@claridges.co.uk (Luxushotel im Art-déco-Stil. Hier steigt der europäische Adel ab.)
******The Connaught*, Carlos Place 16, Tel. 0 20-74 99 70 70, 0 20-74 95 32 62, www.theconnaught.com, E-Mail: info@theconnaught.co.uk (Wie ein englisches Landhaus geführtes Luxushotel).

Essen & Trinken
Hush, Lancashire Court 8, Tel. 0 20-76 59 15 00
(Restaurant von Roger Moores Sohn Geoffrey).
The Wolseley, Picadilly St. 160, Tel. 0 20-74 99 69 96
(Art-déco-Café).
Patterson's Restaurant, Mill St. 4, Tel. 0 20-74 99 13 08
(Lunch schon für £ 15).

Shopping
Linley, Albemarle St. 46
(Möbelgeschäft von Prinzessin Margarets Sohn).
Miller Harris, Bruton St. 21, Tel. 0 20-70 79 12 38
(Lyn Harris kreiert hier unbeschreibliche Düfte.).
Ozwald Boateng, Vigo St. 9
(Anzüge für Will Smith und Jamie Foxx).
Burlington Arcade: *Neal & Palmer* (Anzugsgilets für Herren).
St. Petersburg Collection, www.stpetersburgcollection.com
(Geschäft von Fabergé-Enkel Theo).
Royal Arcade (Old Bond Street):
G. J Cleverly & Co. (Maßschuhe für Herren).
Piccadilly Arcade:
Budd Shirtmakers Ltd. (David Linleys Hemdenmacher).
Auktionshäuser: *Christie's* King St. 8; *Sotheby's*, New Bond St. 34–35; *Bonham's*, New Bond St. 101.

U-Bahn-Stationen
Hyde Park Corner, Green Park, St. James's Park

2

3

4

Rule (Mrs.) Britannia!

Westminster & Whitehall – reif für eine Revolution

In den Houses of Parliament, der Downing Street No. 10, und der Westminster Abbey sind Frauen als »Power Players« noch unterrepräsentiert. Mehrere Denkmäler gemahnen jedoch daran, dass ihnen eigentlich mehr als die 20-prozentige Parlamentsvertretung zustünde.

Wild gestikulierend streckt Königin Boudicca auf einer Bronzestatue am Westminster Pier dem britischen Parlament die Arme entgegen. Die beiden Pferde vor ihrem Streitwagen bäumen sich wutschnaubend in die Höhe. Boudicca war die Witwe des keltischen Königs Prasutagus, der bei seinem Tod in der Mitte des ersten nachchristlichen Jahrhunderts eine Hälfte seines Reiches seiner Frau und seinen beiden Töchtern überließ. Die andere gestand er nun des lieben Friedens willen den römischen Eroberern zu. Die Römer hielten sich jedoch nicht an die Abmachung, besetzten sein gesamtes Reich, vergewaltigten die Prinzessinnen und peitschten Boudicca öffentlich aus. Die entehrte Herrscherin vereinte daraufhin 100 000 Krieger, zerstörte das im Jahr 43 nach Christus gegründete Londinium und metzelte 70 000 Römer und Kollaborateure nieder. Die verbrannte Erde tritt in archäologischen Grabungen heute noch als rotbraune »Boudicca-Schicht« zutage. Es scheint so, als wollte die mutige Keltin ihren Streitwagen direkt in die Houses of Parliament rammen und den vergoldeten Turm mit der Big Ben-Glocke niederreißen. Als wollte sie gleich mit dem ganzen Westminster- und Whitehall-Viertel aufräumen, das alle wichtigen Wahrzeichen der britischen Amtsmacht umfasst. Neben dem Parlamentsgebäude befinden sich im Bezirk südlich des Trafalgar Square auch die Downing Street Nr. 10, der Wohn- und Arbeitssitz des britischen Premiers, diverse Ministerien, das Polizeigebäude von Scotland Yard und die Westminster Abbey, eines der Hauptzentren des anglikanischen Klerus.

Vor 100 Jahren hatten es die englischen Frauenrechtlerinnen, die sich für das allgemeine Wahlrecht einsetzten, tatsächlich auf die Downing Street Nr. 10 abgesehen. 1909 kettete sich eine Gruppe von Suffragetten an das Gitter vor dem schlichten Reihenhaus aus dem 18. Jahrhundert. 1912 warf Emmeline Pankhurst (1858 bis 1928), die Begründerin der Women's Social and Political Union, eine ganze Ladung von Steinen auf den Wohn- und Amtssitz des

1 Statue von Henry Moore an der Themse. **2** Die Cabinet War Rooms geben Einblick in Winston Churchills Kriegsführung. **3** Ein Gardesoldat zu Pferd. **4** Claude Monet und J. M. W. Turner hielten die Parlamentsgebäude in ihren Gemälden fest.

1 Winston Churchill hat Big Ben immer im Blick. **2** Einer Legende zufolge weihte der Heilige Petrus Westminster Abbey. **3** Touristen werden es nie leid, die Pferdegarde in Whitehall zu bestaunen. **4** Richard Löwenherz machte sich von hier im Jahr 1190 zu den Kreuzzügen auf.

britischen Premiers und zerbrach dabei mehrere Fensterscheiben. Heute wäre ein solches Vorhaben nicht mehr möglich. 1990 ließ die »Eiserne Lady« Maggie Thatcher ein riesiges Eisengitter am Ende der Straße aufziehen, das die Downing Street vom Menschenandrang und möglichen Terroranschlägen schützen soll.
Emmeline Pankhursts bronzenes Ebenbild blickt heute salbungsvoll von einem Marmorsockel in den Victoria Tower Garden, einem Grünstreifen entlang der Themse gleich neben den Houses of Parliament. Vor 100 Jahren stürmten Pankhurst und ihre Gesinnungsgenossinnen noch das Regierungsgebäude, um ihre Forderungen den Abgeordneten entgegenzuschreien. Viele von ihnen landeten im Gefängnis, wo sie ihren Protest mit Hungerstreiks fortsetzten. 1918 gewährte die britische Gesetzgebung Frauen über 30 schließlich das Wahlrecht. 1928 wurde ihnen endlich gestattet, genau wie die Männer ab 18 Jahren zur Wahlurne zu schreiten. Ein Fünftel aller Abgeordneten sind heutzutage Frauen, noch ein großer Schritt entfernt von den 50 Prozent, die ihnen eigentlich zustünden.
Proteste im Parlamentsgebäude kommen auch noch im 21. Jahrhundert vor: Im Jahr 2004 warfen zwei Mitglieder der Gruppe »Fathers 4 Justice« ein mit violettem Mehl gefülltes Kondom auf Tony Blair, um auf die Rechte geschiedener Väter aufmerksam zu machen. Die Sicherheitsvorkehrungen im englischen Parlament sind seitdem noch strikter geworden. Gästen wird jedoch weiterhin Zutritt zu den Besuchergalerien gestattet.
Das Parlament tagt von Mitte Oktober bis Mitte Juli. Am interessantesten sind die Diskussionen im House of Commons, dem Unterhaus, das sich aus gewählten Vertretern des Landes zusammensetzt. Im Oberhaus, dem House of Lords, geht es etwas langweiliger zu,

3

4

da die Abgeordneten hier auf Lebenszeit ernannt werden oder aufgrund ihres adeligen Titels einen Sitz beanspruchen können. Die Fragestunde mit dem Premierminister findet immer mittwochs von 12 bis 12:30 Uhr statt. Tickets dafür können von der deutschen, österreichischen und Schweizer Botschaft in London angefordert werden. Besucher, die sich für die regulären Sitzungen interessieren, sollten sich eine Stunde vor deren Beginn anstellen. Wenn die Schlange bis zur Statue von Oliver Cromwell zurückreicht, heißt das, dass man noch ungefähr zwei Stunden anstehen muss.

Über 1000 Zimmer und Säle, 100 Treppen und 11 Innenhöfe umfasst das ironischerweise »Mutter aller parlamentarischen Versammlungen« genannte Gebäude. Den ältesten Teil des Komplexes, die Westminster Hall, ließ König Wilhelm II. (1056–1100), Sohn des normannischen Eroberers Wilhelm I. (1028–1087), im Jahr 1099 erbauen. Ihr Hammerbalkengewölbe, ein offener Dachstuhl aus dem 14. Jahrhundert, spannt sich imposant über 73 Meter in die Länge und 18 Meter in die Breite. Hier werden die Mitglieder der königlichen Familie aufgebahrt, bevor in der Westminster Abbey ihre pompösen Begräbnisfeierlichkeiten stattfinden.

Den Großteil des Parlamentsgebäudes in seinem honigfarbenen Glanz entwarf Charles Barry Mitte des 19. Jahrhunderts, nachdem die mittelalterlichen Gemäuer 1835 einem verheerenden Brand zum Opfer gefallen waren. Der eindrucksvolle neogotische Bau scheint fast mit mehr Zinnen, Türmchen und Maßwerk versehen zu sein als die Westminster Abbey, die gotische Kathedrale am anderen Ende des Parliament Square.

Westminster heißt übersetzt »westliches Münster«. Ursprünglich hatte der letzte angelsächsische König Eduard der Bekenner (1004 bis 1066) hier eine Benediktinerabtei erbauen lassen, in der sich Wilhelm der Eroberer am Weihnachtstag des Jahrs 1066 krönen ließ. König Heinrich III. (1207–1272) ließ die Abtei im Jahr 1245 im

1 Jeder Monarch wurde seit 1066 in der Westminster Abbey gekrönt. **2** Dünne Säulen erstrecken sich vom Boden über die ganze Decke und lassen den Raum riesig hoch erscheinen. **3** Eine von Dutzenden Grabesstatuen in der Kathedrale.

Stil der Kathedrale von Reims in Frankreich modernisieren. Heinrich VII. (1457–1509), der Vater des heiratswütigen Heinrich VIII. (1491–1547), schloss den Ostteil dieses Bauwerkes ab.

Die Kapelle von Heinrich VII. ist ein Wunderwerk der gotischen Meißelkunst. Wie eine gigantische Spitzendecke breitet sich das steinerne Blumen- und Fächermuster über die Decke der Kapelle aus. Senkrechte, vergoldete Zapfen hängen wie Tropfsteine in die Kapelle und unterstreichen die steil aufragende Wirkung der architektonischen Meisterleistung. Unter der Leitung des Architekten Nicholas Hawksmoor (1661–1736) wurden schließlich die beiden hohen Westtürme vollendet, allerdings in einer barocken Interpretation des gotischen Stils.

Die Westminster Abbey, aus der die Mönche während der Reformation vertrieben wurden, ist eigentlich ein riesiges Mausoleum. Ein mittelalterlicher Schrein für Eduard den Bekenner, der im Jahr 1163 heilig gesprochen wurde, befindet sich in der Kantoreikapelle. Im Jahr 2005 fanden Wissenschaftler seine sterblichen Überreste in einem Gewölbe unter dem 700 Jahre alten Cosmati-Fußbodenmosaik vor dem Hochaltar. Das Skelett war im Laufe der Jahrhunderte mehrere Male buchstäblich »verlegt« worden. Hinter dem Schrein steht der Eichenkrönungsstuhl, auf dem jeder englische Monarch seit 1308 bei seinem Amtsantritt sitzt.

Im nördlichen Seitenschiff der Kapelle von Heinrich VII. schlummert seit über 400 Jahren Elisabeth I. (1533–1603) in einem steinernen Himmelbett. Im Unterteil des Grabdenkmals wurde ihre Halbschwester Maria (1516–1558) beigesetzt. Ein später Triumph für Elisabeth, denn Maria hatte sie zu Lebzeiten in den Tower werfen lassen. Eine weitere Rivalin, die ihren Kopf verlor, weil sie Elisabeth eine Bastardin hieß und für sich selbst angeblich den Thron beanspruchte, kam ebenfalls in der Abbey zur ewigen Ruhe. Die

3

schottische Königin Maria Stuart (1542–1587) fand in einer überladenen marmornen Grabphantasie in dem südlichen Seitenschiff der Kapelle eine letzte Ruhestatt.
Das ist ziemlich viel »Frauen-Power« für eine Kathedrale, in der seit Hunderten von Jahren ausschließlich Männer das Sagen haben. Im »Poets' Corner« im südlichen Querschiff sind Dichterfürsten wie Geoffrey Chaucer, Charles Dickens und – als einziger Komponist – Georg Friedrich Händel bestattet. Weiblichen Künstlergenies wie den Brontë-Schwestern oder George Eliot, einer Schriftstellerin, die einen Männernamen annahm, um auf dem damaligen Literaturmarkt bestehen zu können, wird unter einer Heerschar von Männern mit einem steinernen Gedenkstein gedacht.
Winston Churchill war zu Beginn seiner politischen Karriere dagegen, Frauen das allgemeine Wahlrecht zu verleihen. Was das »schwache Geschlecht« während des Zweiten Weltkriegs leistete, schätzte er dann aber doch. Diesen Tausenden Frauen wurde 2005 ein Denkmal auf der Whitehall Street gewidmet, genau vor dem Amtshaus des britischen Kabinetts. Es besteht aus Bronzegüssen von Arbeitskleidung, die Frauen während des Krieges trugen.
Winston Churchills Bunker, die »Cabinet War Rooms«, befindet sich gleich um die Ecke, auf der King Charles Street. Nur drei Meter unter der Erde gelegen und originalgetreu restauriert, zeigen diese Räume eindrucksvoll, auf welch engem Raum die Kriegsstrategen agieren mussten. Das anschließende Winston Churchill Museum beinhaltet Hunderte von Erinnerungsstücken und audiovisuelle Materialien aus der langen Lebenszeit (1874–1965) von »Winnie«, darunter auch seinen roten einteiligen Schlafanzug.
Spaziert man von den Houses of Parliament an der Themse Richtung Süden, kommt man zum Tate Britain, einem Museum, das britischer Kunst vom 16. Jahrhundert bis heute gewidmet ist. Seit das Tate Modern auf der anderen Seite des Flusses im Jahr 2000 eröffnet wurde, wird das ursprüngliche, von Zuckerbaron Henry Tate (1819–1899) gegründete Museum oft übersehen. Das ist schade, denn es birgt viele atemberaubende Meisterwerke. Ein weiteres

1 Das B&B Belgravia wurde zweimal hintereinander von der Londoner Tourismusbehörde als bestes Bed & Breakfast ausgezeichnet. **2** Das »Mimosa« Restaurant im Jumeirah Lowndes Hotel hat sich auf Mittelmeergerichte spezialisiert. **3** Historischer Schank im St. Stephen's Tavern Pub. **4** Im Aufenthaltsraum von B&B Belgravia machen es sich Gäste bei einem Gratis-Cappuccino gemütlich.

Schmankerl: Tagsüber verkehrt ein Gratis-Boot-Shuttle zwischen der Tate Modern und Tate Britain.

William Turner (1775–1851), einer der größten englischen Maler, hinterließ dem englischen Staat über 100 Ölgemälde. Mit all den Werken, die seine Nachfahren stifteten, beläuft sich die Zahl jetzt auf stolze 300. Turner hielt auch den Brand des Parlamentsgebäudes im Jahr 1835 fest. Mit seinen atmosphärischen Farbflächen nimmt er den Impressionismus 50 Jahre vor seiner Erfindung vorweg.

Wenn die Parlamentsabgeordneten und Ministerialbeamten hungrig werden, müssen sie schon einige Minuten zu Fuß gehen, um außerhalb ihres Büros zu essen. In der Great Smith Street westlich von der Westminster Abbey befindet sich der »Cinnamon Club« in der ehemaligen Bezirksbibliothek von Westminster. Hier bereitet Küchenchef Vivek Singh seit 2001 indisch-französische »Fusion«-Gerichte auf höchstem Niveau zu. Vor den mit dunklem Holz getäfelten Bücherregalen kosten Gäste Fasan in grünem Gewürzkleid

und Birnen in Safransauce, alles kunstvoll auf dem Teller angerichtet. Auf die Wand der schicken Kellerbar werden oft »Bollywood«-Filme projiziert.

Viele der adeligen Abgeordneten des Oberhauses ließen sich im 19. Jahrhundert im vornehmen Belgravia-Viertel nahe der Victoria Station nieder. Heutzutage findet sich dort auch eine Vielzahl von Privathotels. Das B&B Belgravia ist eines der modernsten, aber gleichzeitig gemütlichsten unter ihnen. Drei Frauen stehen hinter diesem Hotellerie-Erfolg. Die Besitzerinnen Penny Brown, Lynn Reid und Colette Huck wählten eine schwarz-weiße Farbskala mit braunen Holzakzenten. Die Gäste können in der kalten Jahreszeit vor einem offenen Kamin einen Cappuccino schlürfen oder sommertags im lauschigen Gärtchen mit einem Gläschen Sherry den Abend ausklingen lassen.

Margaret Thatcher macht in ihrem Haus am eleganten Eaton Square gleich um die Ecke wahrscheinlich oft dasselbe. Sie blickt auf ihre vielen Jahre zurück, während der sie als Premierministerin die Geschicke Großbritanniens in der Hand hielt, und freut sich, dass sie bis heute als einzige Frau in die höchste Position des Landes vorgedrungen ist. Nur die Queen hält sich bis dato länger im Sattel. Aber sie wurde ja auch in ihr Amt hineingeboren.

Westminster & Whitehall – im Dunstkreis der Regierung

Sehen & Erleben
Houses of Parliament, Parliament Square, Tourinformationen: 08 70-9 06 37 73, www.parliament.uk
(die Mutter aller parlamentarischen Versammlungen).
Westminster Abbey, 20 Dean's Yard. Tel. 0 20-72 22 51 52. www.westminster-abbey.org
(Krönungs- und Begräbniskirche der britischen Monarchen).
Downing Street 10
(Wohn- und Arbeitssitz des britischen Premiers).
Cabinet War Rooms & Churchill Museum, Clive Steps, King Charles Street, Tel. 0 20-79 30 69 61, www.cwr.iwm.org.uk
(Winston Churchills Weltkriegsbunker).
Tate Britain, Millbank, Tel. 0 20-78 87 80 00, www.tate.org.uk
(britische Kunst von 1500 bis zur Gegenwart).

Übernachten
B&B Belgravia, Ebury St. 64–66, Tel. 0 20-72 59 85 70, www.bb-belgravia.com, E-Mail: info@bb-belgravia.com
(preisgekröntes, modernes Bed & Breakfast auf einer ruhigen Straße bei der Victoria Station).

******Jumeirah Lowndes*, Lowndes St. 21, Tel. 0 20-78 23 12 34, Fax 0 20-72 35 11 54, www.jumeira-hlowndeshotel.com, E-Mail: JLHinfo@jumeirah.com
(brandneues Luxus-hotel).
*****City Inn Westminster*, John Islip Street 30, Tel. 0 20-76 30 10 00, www.cityinn.com/london, E-Mail: westminster.res@cityinn.com
(preisgünstiges, modernes Hotel gleich beim Tate Britain).

Essen & Trinken
Cinnamon Club, Great Smith Street 30–32, Tel. 0 20-72 22 25 55 (exklusives französisch-indisches Restaurant in der Old Westminster Library, gute Lunch-Specials!).
Jenny Lo's Teahouse, Eccleston St. 14, Tel. 0 20-72 59 03 99
(preisgünstiges chinesisches Restaurant mit berühmter Köchin).
Thomas Cubitt, Elizabeth St. 44, Tel. 0 20-77 30 60 60
(gediegenes Gastropub).

Ausgehen
Boisdale, Eccleston St. 13, Tel. 0 20-77 30 6 22
(schottisches Restaurant mit Bar).
Red Lion, Parliament St. 48, 0 20-79 30 58 26
(Treffpunkt vieler Politiker).

Shopping
Philip Treacy, Elizabeth St. 69
(junger Hutmacher, sehr en vogue).
Mungo & Maud, Elizabeth St. 79 (Mode für Katzen und Hunde).

U-Bahn-Stationen
Westminster, Pimlico, Victoria

1

THE DIANA PRINCESS OF WALES MEMORIAL WALK
2

3

4

Liebesfreud und Liebesleid

South Kensington & Knightsbridge – Victoria- und Diana-Land

Königin Victoria verewigte ihre Liebe für Prinzgemahl Albert in Stein und ließ ihm zu Ehren ein Museumsviertel bauen. Im Palast, in den Kensington Gardens und im Luxuskaufhaus Harrods lebt Prinzessin Dianas Geist auch ohne prinzliche Zuneigung weiter.

Dieses Bild ging durch alle Medien: Ein Blumenmeer vor dem Gittertor des Kensington Palastes, unzählige Plüschtiere, Briefe und Tausende weinende Menschen. Als Prinzessin Diana 1997 bei einem Autounfall ums Leben kam, blutete das Herz der britischen Nation. Von Prinz Charles verschmäht, war sie nach ihrer Scheidung vom Volk zur ungekrönten »Königin der Herzen« erkoren worden. Bei ihrem Trauergottesdienst in der Westminster Abbey sang Elton John ihr ein Abschiedslied. In »Candle in the Wind« nannte er Diana eine »englische Rose«. Der Beiname ist passend: Dianas Andenken blüht weiterhin in den Kensington Gardens, dem Park um ihren ehemaligen Wohnsitz.

Im Princess Diana Memorial-Brunnen im Herzen des Parks planschen im Sommer unzählige Kinder. Mit seinem Piratenschiff und Indianerzelten erinnert der nach ihr benannte Spielplatz am nordwestlichen Rand des Parks an Peter Pans Nimmerland. Er wurde wohl auch mit Absicht so geplant, denn in den Kensington Gardens ging »Peter Pan«-Autor J. M. Barrie (1860–1937) täglich mit seinem Hund spazieren. An der westlichen Seite des großen Teichs, dem »Long Water«, bläst der (fast) leibhaftige Peter Pan vergnügt in seine Flöte. J. M. Barrie ließ die Bronzestatue eines Nachts im Jahr 1912 still und heimlich aufstellen.

Den Kensington Palast selbst durchzieht noch immer Dianas Flair. In der »Royal Ceremonial Dress Collection«, der Kleiderausstellung der königlichen Familie, hängen ihre zum Teil gewagten Gewänder friedlich neben jenen ihrer Ex-Schwiegermutter.

Bei schönem Wetter glänzt die Albert Memorial-Statue am Südrand der Kensington Gardens in der Sonne. Hier thront ein vergoldeter Albert von Sachsen-Coburg und Gotha (1819–1861), Prinzgemahl von Königin Victoria (1819–1901), unter einem mit Halbedelsteinen besetzten, neogotischen Baldachin und hält einen Katalog der Weltausstellung aus dem Jahr 1851 in der Hand. Die

1 Wie im 19. Jahrhundert ziehen Kutsche und Reiter durch den Hyde Park. **2** Ein Prinzessin Diana gewidmeter Spazierweg führt in einer Achterschleife durch vier Parks. **3** Ein freundlicher Doorman am Eingang zum Jumeirah Carlton Tower Hotel. **4** Im Kensington Garden ging Prinzessin Diana einst in Verkleidung joggen und rollerbladen.

2

1 Das Victoria & Albert Museum zeigt auch Ausstellungen über Modestars. **2** und **5** Obwohl riesengroß, kann das Natural History Museum nur ein Hundertstel seiner Bestände ausstellen. **3** Die Dinosaurierskelette gefallen besonders Kindern. **4** Vor den Sommerkonzerten in der Royal Albert Hall picknicken Besucher gern im Hyde Park.

3

Verwirklichung der Weltausstellung wurde von Prinz Albert angeregt. Sie war die erste ihrer Art und fand in dem an die Kensington Gardens angrenzenden Hyde Park statt, wohl Londons berühmteste Grünfläche. In erster Linie sollten Großbritanniens industriellen und technische Errungenschaften sowie sein Status als größte Kolonialmacht zur Schau gestellt werden.

Die »Great Exhibition« war aber auch finanziell ein voller Erfolg. Mit dem Erlös aus dem Verkauf von Eintrittskarten wurden mehrere Museen und Universitätsgebäude südlich des Parks finanziert, darunter das Victoria & Albert Museum für angewandte Kunst, das Science Museum für Naturwissenschaften und das Natural History Museum für Naturgeschichte. In Richtung all dieser Wissenstempel auf der Exhibition Street blickt Albert von seiner Statue.

4

5

Der Museumsboom trug maßgeblich dazu bei, dass sich South Kensington, die Region um die Museen und das weiter östlich gelegene Dorf Knightsbridge fast über Nacht in die begehrtesten Wohn- und Einkaufsgegenden der Stadt verwandelten. Unzählige Palais und geräumige Reihenhäuser schossen in der zweiten Hälfte des 19. Jahrhunderts um »Albertopolis«, dem Museumsviertel, aus dem Boden. Das prunkvolle Kaufhaus Harrods in Knightsbridge wurde im Jahr 1849 gegründet und zog 1905 in den siebenstöckigen Gebäudekoloss auf der Brompton Road, in dem auch heute noch jeden Tag mehr als drei Millionen Pfund umgesetzt werden. Reichtum begegnet man hier auf Schritt und Tritt: Im nahe gelegenen Hyde Park schieben uniformierte Gouvernanten blaublütige Sprösslinge in Kinderwägen durch das Grün. Durch die Straßen kreuzen Bentleys und Rolls-Royce-Karossen, in denen elegante Damen von Geschäft zu Geschäft kutschiert werden.

Genau gegenüber der Albert-Statue steht die Royal Albert Hall, ein kreisrunder Bau aus Terracotta, Ziegel und Marmor, drei Baustoffe, die auch im restlichen South Kensington im 19. Jahrhundert reichlich zur Anwendung kamen. In dieser berühmten Veranstaltungshalle boxte Muhammad Ali. Björn Borg und John McEnroe bekämpften sich dort zum Spaß in einem Showmatch. Von Juli bis September finden die »Proms« statt, klassische Konzerte mit hochkarätigen Musikern, für die alle Stühle aus dem Parkett geräumt werden. Je nach Andrang steht, lehnt oder liegt das Publikum auf dem Boden und lauscht den erlesenen Klängen. Die Eintrittspreise für den unbestuhlten Bereich vor der Bühne sind auch dementsprechend moderat gehalten. Über das Geschehen wacht – wie könnte es anders sein – eine vergoldete Büste von Prinz Albert.

»V&A«, die Anfangsbuchstaben der Namen von Großbritanniens einziger Kaiserin und ihres geliebten Gemahls, prangen eng umschlungen auf allen Plakaten und Broschüren des größten Museums für angewandte Kunst auf der Welt. Von so einem Logo hätte Prinzessin Diana nur träumen können. Stattdessen musste sie auf ihrer Hochzeitsreise angeblich feststellen, dass Charles Man-

1 Damen können ihrer Hutleidenschaft bei Monsoon frönen. **2** Der Kilt wird bei Botega Veneta auf der Sloane Street neu interpretiert. **3** Mehr als 3000 Angestellte kümmern sich im Kaufhaus Harrods um die Kunden. **4** Der Geflügelstand bei Harrods ist mit Marmor verkleidet.

schettenknöpfe mit den Initialen »C&C« (Charles & Camilla) trug. Wie dem auch sei, das Victoria & Albert Museum legt auf jeden Fall ein immerwährendes Zeugnis von einer der wenigen Liebesheiraten in der Geschichte der englischen Monarchie ab.

Betritt man das Neo-Renaissancegebäude aus dem Jahr 1909, sticht einem gleich der neun Meter große Lüster ins Auge, den Dale Chihuly schuf, einer der bedeutendsten Glaskünstler unserer Zeit. Hunderte blau und gelb schimmernde Glasteile tanzen in alle Richtungen wie Quallen im Meer. Das Museum beherbergt die größte Anzahl an indischen Kunstgegenständen außerhalb Indiens. Ein viel besuchtes Exponat ist »Tippoo's Tiger« (1795), die Holzskulptur eines Tigers, der einen Beamten der East India Company auffrisst. Die eingebaute Orgel mimt die letzten Schreie des Engländers und zeigt eindrucksvoll auf, was der Sultan von Mysore, der das Kunstwerk anfertigen ließ, von den englischen Kolonialherren hielt.

Zu den Highlights des Museums zählen außerdem Raffaels gemalte Vorlagen für Tapisserien in der Sixtinischen Kapelle (1515) und der persische Ardabil-Teppich (1539), der älteste erhaltene seiner Art. Das Museum kann sich ebenfalls dreier original erhaltener Cafés vom Anfang des 20. Jahrhunderts rühmen. Am schönsten ist jenes, das William Morris (1834–1896) gestaltete: Die Wände des nach dem Begründer der englischen Arts & Craft-Bewegung benannten »tea room« sind mit gestanzter und mit Olivenzweigen verzierter Tapete ausgelegt, während durch die bunten Fensterscheiben das Tageslicht in vielen Farben fällt.

Das Science Museum auf der gegenüberliegenden Straßenseite birgt technische Meisterleistungen wie »Puffing Bill«, die älteste erhaltene Dampflokomotive aus dem Jahr 1815, Charles Babbages »Differenziermaschine Nr. 1«, die Urversion eines Computers aus dem unglaublich frühen Jahr 1835, und das Kommandomodul der Weltraumrakete »Apollo 10«. Das erste Stockwerk lockt all jene an, die schon gern mal aus ihrer Haut gefahren wären. In der Abteilung »Who am I« (Wer bin ich?) können Besucher sich selbst ins andere Geschlecht morphen, ein Spermienrennen verfolgen oder ihre eigenen Gene testen.

6

Mit seiner Dinosauriersammlung beeindruckt das Natural History Museum neben dem Science Museum die kleinsten Besucher. Mit seiner neo-romanischen Architektur und den detailreichen Mosaikfußböden zählt das Museum zu einem der schönsten in ganz London. Im Kellergeschoss können sich Kinder im Alter von 7 bis 14 Jahren sogar als Wissenschaftler versuchen und mit Mikroskopen und Petrischalen herumhantieren.

Aber auch in Puncto Shoppen hat South Kensington einiges zu bieten. Sogar Haustiere sind bei Harrods erhältlich. Das Paradebeispiel für ein Luxuskaufhaus bietet in 300 Abteilungen auf sieben Stockwerken und 92 000 Quadratmetern »alles, für jeden und überall« (so das erklärte Motto). Wer sich einen Chihuahua oder Dackel zulegen will, muss jedoch einen kleineren Hürdenlauf zurücklegen. Da heißt es Pass und Meldezettel vorweisen und – falls man in einer Mietwohnung wohnt – ein Genehmigungsschreiben des Hausbesitzers. Danach wird man zu einem persönlichen Interview eingeladen, wo sichergestellt wird, dass das Tier auch ein gutes Zuhause bekommt.

Wer diesen Marathon nicht auf sich nehmen will, kann im »Santaland« von Rentieren träumen. »Father Christmas«, der englische »Geschenkelieferant«, musste seinem Nebenbuhler aus den USA Platz machen. Selbst im Hochsommer kann man in dieser Abteilung glitzernden Klimbim für den Weihnachtsbaum erstehen.

Ziemlich kitschig sind auch die zwei Denkmäler vor der ägyptischen Rolltreppe, die Harrods-Besitzer Mohamed Al Fayed für Prinzessin Diana und seinen Sohn Dodi errichten ließ. Wie alle Welt weiß, war die Prinzessin mit dem Milliardärssohn liiert, als sie in Paris ihr schreckliches Ende fand. Zwei lebensgroße vergoldete Statuen setzen einen Albatross in der Luft frei, als Zeichen ihrer ewigen Liebe. In einem Glaskasten sind außerdem ein ungewaschenes Glas vom letzten Abend des Paares sowie ein protziger Brillantring ausgestellt, den Dodi Diana angeblich zur Verlobung schenken wollte. Pikantes Detail am Rande: Seit dem Unfall boykottieren die Windsors das Kaufhaus, obwohl es jahrzehntelang königlicher Hoflieferant war. Mohamed Al Fayed hatte Prinz Philipp öffentlich beschuldigt, für den Tod des tragischen Paares verantwortlich zu sein.

Der Kaviar und Champagner für den Buckingham Palace wird jetzt also nicht mehr von Harrods exklusiver Gourmetabteilung geliefert, sondern von Fortnum & Mason in Mayfair. Die »Food Hall«

1 Ruderspaß im Hyde Park. **2** Pool mit Ausblick auf den exklusiven Cadogan Square im Hotel Jumeirah Carlton Tower. **3** Der Privatgarten vor dem Egerton Gardens Apartment. **4** Das gemütliche Wohnzimmer im »Queensgate Studio Apartment« von London Perfect Rental. **5** Die Küche im »Queensgate Studio Apartment«.

leidet dennoch nicht unter Besuchermangel. Täglich lechzen Tausende Besucher nach den ausgefallenen Delikatessen in den Glaskästen. Leider darf man die Hummercanapés und Petits Fours nach Kauf nicht gleich im Stehen verzehren. Das wäre zu vulgär. Lieber sieht es das Verkaufspersonal, dass die Besucher in eines der 28 Restaurants im Kaufhaus einkehren. Am elegantesten ist die Konditorei »Ladurée« im Erdgeschoss, die im Jahr 2005 in dem Kaufhaus eröffnete und sogar über einen Privateingang verfügt.

»Ladurée« ging in Paris im Jahr 1862 als erster »salon de thé« in die Geschichte ein. Hier werden pastellfarbene Mandelmakronen serviert und Madeleine-Sandküchlein, so wie Marcel Proust sie liebte. Kleinkinder sitzen in Hochsesseln aus Leder mit einem Mahagoni-Vorstecktisch, die eines Dauphins würdig wären. Das Ambiente in der Londoner Filiale ist so feudal, dass man sich in das Frankreich des späten 19. Jahrhunderts zurückversetzt fühlt.

In South Kensington und Knightsbridge findet sich eine Vielzahl von Hotels. Wer jedoch erleben will, wie die betuchten Bewohner des Viertels wirklich leben, sollte in Erwägung ziehen, eine Ferienwohnung zu mieten. Madelyn und Philippe Willems haben in der Stadt mehrere Apartments gekauft, die sie nun an Touristen vermieten. »Für uns zählt immer der Wow-Faktor«, erklärt Madelyn. »Alle unsere Wohnungen sind ruhig, hell, liebevoll eingerichtet und in bestem Zustand.«

Ihr »Queensgate Apartment« liegt gleich in der Nähe der großen Museen. Es ist eine von mehr als zwölf Wohnungen, die in eines jener großräumigen Reihenhäuser eingepasst wurde, die vor 100 Jahren einer einzigen Familie gehörten. Das »Queensgate Apartment« ist für zwei Personen ausgerichtet und enthält noch alte Fresken, die unter Denkmalschutz stehen. Das »Cornwall Apartment« in der Nähe der Kensington High Street, einer schicken Einkaufsmeile, verfügt über einen marmornen Kamin und einen kleinen Privatgarten. Es war ursprünglich eine der Wohnungen, die für Königin Victorias Hofdamen gebaut wurde. Der Geist des englischen Kaiserreiches lebt auch außerhalb des Kensington Palastes weiter.

4

Knightsbridge & South Kensington – Londons Museumsland

Sehen & Erleben

Kensington Palace, Tel. 08 70-7 51 51 70, www.hrp.org.uk (Prinzessin Dianas ehemaliger Palast aus dem 18. Jh. Die »Royal Ceremonial Dress Collection« stellt ihre Kleider aus.).
Kensington Gardens & Hyde Park (Die größte Parkanlage in Londons Stadtzentrum. Bei der »Speakers Corner« geben sich skurrile Figuren und religiöse Fanatiker ein Stelldichein. Der Lido am »Serpentine«-Teich ist im Sommer ein Mekka für Wassersportler.).
Royal Albert Hall (1871), Kensington Gore, Tel. 0 20-75 89 82 12, www.royalalberthall.com (Veranstaltungsgebäude. Populär und preisgünstig: »Proms«-Sommerkonzerte).
Victoria & Albert Museum, Cromwell Road, Tel. 0 20-79 42 20 00, www.vam.ac.uk (das größte Museum für angewandte Kunst auf der Welt).
Natural History Museum, Cromwell Road, Tel. 0 20-79 42 50 00, www.nhm.ac.uk (Hier ist T-Rex der Star!).
Science Museum, Exhibition Road, Tel. 0 20-79 42 44 54, www.sciencemuseum.org.uk (die Wunder neuester Technik).

5

Übernachten

In South Kensington bieten zwei Agenturen gemütliche Ferienwohnungen an: Madelyn und Philippe Willems besitzen zwei Apartments in historischen Gebäuden in Nähe der großen Museen und der Kensington High Street. Beide sind ruhig, neu renoviert und haben einen kostenlosen Internet-anschluss. Das »Queens-gate« Apartment eignet sich für 2 bis 3, das »Cornwall« für bis zu 4 Personen und hat auch ein eigenes Gärtchen. http://londonperfect.com.
Gleich in der Nähe von Harrods vermietet die »Vacation Rentals by Owners«-Agentur ein Gartenapartment für 2 Personen. Moderne Einrichtung, Waschmaschine, Satelliten-TV. www.vrbo.com/85402.

Essen & Trinken

Mr. Chow, Knightsbridge 151, Tel. 0 20-75 89 73 47 (Londons erster Edel-Chinese).
Wodka, St. Alban's Grove 12, 0 20-79 37 65 13 (die besten Blinis westlich von Krakau.)
Ladurée bei Harrods, Brompton Rd. 87–135, Tel. 0 20-31 55 01 11 (Frankreichs ältester »salon de thé« macht die besten Makronen.)

Shopping

Harrods, Brompton Rd. 87–135 (das wohl berühmteste Kaufhaus der Welt).
Harvey Nichols, Knightsbridge Rd. 109–125 (trendiger als Harrods).

U-Bahn-Stationen

Knightsbridge, South Kensington, High Street Kensington, Queensway, Hyde Park Corner, Marble Arch

SHERLOCK HOLMES
CONSULTING DETECTIVE
221b Baker Street
1

2

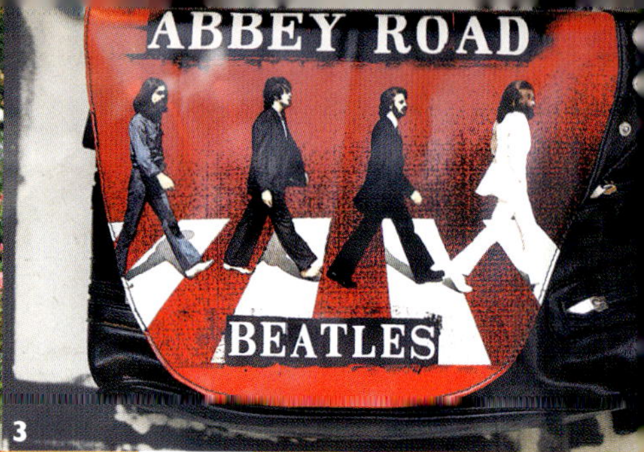
ABBEY ROAD
BEATLES
3

4

Living next door to Madonna

Marylebone & Regent's Park – mit »celebrities« auf Tuchfühlung

Gleich hinter der Oxford Street befindet sich ein kleines, exklusives Dorf. In dem romantischen Viertel fühlt sich auch die »Material Mom« mit ihrer multikulturellen Familie wohl.

Nördlich der geschäftigen Oxford Street, auf der Höhe des Selfridges-Kaufhauses, verwandelt sich London in ein Dorf. All jene, die dem Trubel auf der Shopping-Meile entkommen wollen, müssen nur in eine unscheinbare Passage am St. Christopher's Place einbiegen – und schon tut sich eine langsamere, romantische Welt auf. Marylebone, das Viertel um die Marylebone High Street, ist gespickt mit netten, kleinen Geschäften, Cafés und Pubs. Viele betuchtere Familien wohnen in den gut erhaltenen Häusern aus dem 18. und 19. Jahrhundert. Paul und Linda McCartney ließen sich 1969 auf dem örtlichen Standesamt auf der Marylebone Road trauen und wurden nach vollbrachter Tat auf der Straße von Hunderten weinenden weiblichen Fans erwartet. Heutzutage schieben hübsche Mütter im »Prada«-Outfit ihre Kinderwägen durch die pittoresken Gässchen. Eine Parademutter des 21. Jahrhunderts zieht hier ebenfalls eine multikulturelle Familie groß: Madonna wohnt auf dem Great Cumberland Place.

Sonntags ist in Marylebone Kirche angesagt. Da loben besagte Mütter in Begleitung ihrer Ehemänner und Kinder in der honigfarbenen All Souls Church, die 1824 ihre Tore öffnete, den Herrn. Der Kirchenbesuch stellt sicher, dass die Sprösslinge einen heiß begehrten Platz in der zur Kirche gehörenden Privatschule bekommen, sobald sie dem Kinderwagen entwachsen sind. Und dafür kann man sonntags schon mal früh aufstehen. Die All Souls Church ist das einzige Gotteshaus, das von John Nash, dem Star-Architekten des frühen 19. Jahrhunderts, in London erhalten geblieben ist. Sie besticht durch ihre ungewöhnliche Nebeneinanderstellung von kreisrunder Säulenhalle und spitz in die Höhe ragendem Turm, der aus 17 schlanken, gewölbten Kalksteinpanelen besteht.

John Nash wurde für diese Kirche häufig verrissen. In einer zeitgenössischen Karikatur bohrt sich die Spitze des Turmes durch seinen Hosenboden. Für seine übrigen Projekte wurde er jedoch hoch gelobt. Im Auftrag des Prinzregenten, des späteren Georg IV., gestaltete er den Regent's Park am nördlichen Ende des Viertels.

1 Die Wohnung des berühmten Detektivs diente als Vorlage für das Sherlock Holmes Museum. **2** Der Rosengarten ist das Herzstück des Regent's Park. **3** Beatles-Souvenirs finden sich an allen Ecken und Enden der Stadt. **4** Jetzt müsste nur noch Sherlock Holmes hereinspazieren.

1

2

Die Regent Street war ursprünglich als eine Einzugsstraße in den Park gedacht und führt auch heute in ihrer verlängerten Form als Langham Place (mit der All Souls Church zur rechten Hand) und dem Portland Place geradlinig ins wohltuende Grün. Nash entwarf ebenso die anmutig kurvenförmige Häuserzeile auf dem Park Crescent am Eingang des Parks, die von Dutzenden grazilen Säulen umrahmt wird.

Der zwei Quadratkilometer große Regent's Park ist in zwei Kreise eingeteilt. Der äußere Ring, *Outer Circle* genannt, ist am Wochenende und nach Feierabend Ziel vieler Sportler. Auf den weitläufigen Wiesen fliegen die Frisbees und Fußbälle nur so herum. Für Cricket, Tennis, Golf und andere Sportarten gibt es sogar eigene Parkbereiche. Während der Olympischen Spiele im Jahr 2012 werden die Radfahrer durch den Park flitzen. Das Herzstück der Parks ist jedoch der Garten im *Inner Circle*, den der Architekt der Königin Mary gewidmet hatte. 30 000 vielfarbige Rosen in 400 Sorten verbreiten hier in den Sommermonaten ihren Duft. Im riesigen Bootsteich planscht auch eine ganze Kolonie von Graureihern. Rund 20 Nester haben sie sich gebaut, und das nur einen Kilometer von der Oxford Street entfernt! Wer Glück hat, erspäht das Wanderfalkenpärchen, das seit 2003 auf einem Gebäude in der Nähe des Parks nistet und sogar schon Nachwuchs großgezogen hat.

Wer exotischere Tiere bevorzugt, sollte einen Abstecher in den London Zoo machen. Der Zoo wurde im Jahr 1826 eröffnet, um Tieren der königlichen Menagerie ein neues Heim zu bieten. Hier tummeln sich Tausende von Tieren – von putzigen Wickelbären bis zu elegant durchs Wasser schwebenden, blau schimmernden Mondquallen. Harry Potter bekam im London Zoo den Schreck seines Lebens, als im Reptilienhaus eine Schlange mit ihm zu sprechen begann. Architekturfans kommen ebenfalls auf ihre Kosten. Das Pinguin-Becken wurde vom russischen Architekten Alexander Lubetkin erbaut. Zwei spiralenförmig angelegte Laufstege kreuzen sich schwungvoll in der Luft. Auf ihnen watscheln die befrackten Vögel herum, bevor sie ins Wasser springen.

Schade, dass die Pinguine nicht fliegen können. Dann würden sie sich wahrscheinlich auf die Marylebone High Street begeben. Mit ihren alten Geschäftsfassaden erinnert sie sehr an die Hauptstraße eines charmanten englischen Dorfes.

Marylebone verdient zweifellos die Bezeichnung »die süße Ecke von London«. Die »Patisserie Valerie« wurde bereits im Jahr 1921

1 Eine vorwitzige Giraffe im Regent's Park Zoo. **2** St. Christopher's Place ist eine Fußgängerzone mit netten Geschäften. **3** Hinter den großen Einkaufsstraßen versteckt sich das romantische Viertel Marylebone. **4** Noch steifer als sonst repräsentiert sich die königliche Familie bei Madame Tussauds.

von einem Schweizer Konditor gegründet. Wandmalereien des Genfer Sees und der ihn umgebenden Natur strahlen eine gemütliche Ruhe aus. Die Chocolate Mirror-Torte ist ebenfalls ein Kunstwerk. Auf einer spiegelglatten Schokoladeoberfläche türmen sich Feigen- und Pfirsichstücke. Sticht man in die Torte, quillt himmlisches Mousse hervor.

Auf die dunkelbraune Versuchung hat sich auch »Rococo Chocolates« spezialisiert. Besitzerin Chantal Coady rühmt sich, 1983 eine »Schokolade-Revolution« in London entfacht zu haben. Damals begann sie, mit 200 Jahre alten französischen Gussformen Schokoriegel in ungewöhnlichen Geschmacksrichtungen herzustellen. Wenn heute die hübschen Verkäuferinnen Sorten wie »Rosmarin«, »Milchschoko mit Meersalz« und »persische Limette« als Kostprobe in kleinen Stückchen verteilen, ist der antike Teller im Geschäft mit dem Pralinenschachtel-Design bald leer gegessen.

Auf einen ungewöhnlichen Look waren auch die Besitzer zweier Hotels in und in der Nähe von Marylebone aus. Das »Mandeville« kann am besten mit dem Begriff »Barock & Roll« beschrieben werden. Die Designer Stephen Ryan und Julian Chichester mischten hier verschnörkelte rosarote Kommoden mit modernen roten Ledersofas. Im »deVille«-Restaurant blicken zwei überlebensgroße, ganz in Schwarz gekleidete Frauenfiguren etwas ominös über die versammelte Gästeschaft, während ein weißer Engel mit Flügeln auf dem Kopf aus einem Gemälde zu springen scheint. Sich schnell einen »Honeysuckle«-Cocktail genehmigen, heißt die Devise. In das berüchtigte Getränk kommen exotische Ingredienzien wie Honigwodka, Rosenblattlikör, Holundersaft und Champagner. Der Sinnesrausch setzt sich in den Zimmern fort. Von der Wand etwa lächelt ein roter Mund. Die überdimensional großen Kopfteile der Betten sind mit weißem Leder bespannt und mit kleinen Spiegeln verbrämt.

Das eklektische Pavilion Hotel abseits des Zentrums von Marylebone verdient wohl einen Preis für seine Exzentrizität. Das Geschwisterpaar Danny und Noshi Karne gründete vor einigen Jahren dieses preisgünstige Hotel hinter dem Bahnhof Paddington

1

2

Station und trieb das Motto *kitsch as kitsch can* auf die Spitze. Noshi gestaltete die 30 (vorwiegend kleinen) Zimmer zu je einem bestimmten Thema: Das »Highland Fling«-Zimmer ist über und über mit schottischem Karostoff bestückt. Das »Honky Tonk Afro«-Zimmer hat Vorhänge, die wie eine Disco-Kugel glitzern. Die Bettdecke auf dem Doppelbett mit dem herzförmigen Kopfteil schimmert ebenfalls: Diesmal sind es Glasperlen, die den Glamour der siebziger Jahre des letzten Jahrhunderts heraufbeschwören. Noshis Bruder Danny, ein ehemaliges Model, bekommt ständig Besuch von seinen Freunden aus der Mode- und Musikwelt. Manchmal steigen ausgelassene Partys, zu denen der Besitzer in seinem Lamborghini angefahren kommt.

Opulent, aber stilvoll lebte der Kunstsammler und Millionär Richard Wallace. Sein Heim, ein Miniaturpalast im Stil eines französischen Châteaus aus dem 18. Jahrhundert, wurde nach seinem Tod im Jahr 1890 in ein Museum umgewandelt. Auf roten Wänden, die mehrreihig mit Gemälden behängt sind, finden sich Meisterwerke von großen Künstlern wie Velasquez, Rembrandt und Watteau.

4

1 Echte Seide wurde für das Dekor des »Drachen«-Zimmers im Pavillion Hotel verwendet. **2** Dieses Dreibettzimmer ähnelt einem Internatsraum in einem Barockschloss. **3** Wer das »Highland«-Zimmer verachtet, ist ein Hirsch. **4** Psychodelische Tapete im Mandeville Hotel. **5** Die Trüffeln von »Rococo Chocolates« zerfließen im Mund.

Auch die Baker Street liegt in Marylebone. Zwar nicht auf 221B, sondern auf Nummer 239, wurde für Sherlock Holmes ein Museum errichtet. Das Haus bringt die viktorianische Atmosphäre in der Wohnung des berühmtesten Detektivs aller Zeiten eindrucksvoll nahe, enthält jedoch kaum Hinweise auf den Erschaffer der literarischen Gestalt, Sir Arthur Conan Doyle.

Sehr touristisch ist auch das Wachsfigurenkabinett von Madame Tussauds auf der lauten Marylebone Road angelegt. Für einen stolzen Eintrittspreis von 25 Pfund kann man Berühmtheiten wie »The Great Hulk« bewundern. Sind die 15 Minuten Berühmtheit schon vorbei, findet sich nur mehr der Kopf der ehemaligen »Celebrity« in einem Glaskasten.

Da ist die Wallace Collection im Herzen von Marylebone am Manchester Square schon vorzuziehen. Zum einen ist der Eintritt gratis, zum anderen strahlt der »Lachende Kavalier« von Frans Hals schon seit 1624 selbstbewusst in seinem prächtig bestickten Jackett aus dem Bildnis. Und das, ohne dass ihm der Kopf abgetrennt wurde …

Marylebone – charmante Dorfatmosphäre

Sehen & Erleben
The Wallace Collection, Hertford House, Manchester Square, Tel. 0 20-75 63 95 00, www.wallacecollection.org (größte Sammlung von Kunstschätzen aus dem 17. und 18. Jh. außerhalb der National Gallery).
Regent's Park/London Zoo, www.zsl.org/london-zoo.

Übernachten
******The Mandeville Hotel*, Mandeville Place, Tel. 0 20-79 35 55 99, Fax 0 20 79 35 95 88, www.mandeville.co.uk, E-Mail: info@mandeville.co.uk (»Barock & Roll«-Hotel im Herzen von Marylebone).
*****The Pavillion*, Sussex Gardens 34–36, Tel. 0-20-72 62 09 05, Fax 0 20-72 62 13 24, E-Mail: info@pavilionhoteluk.com (Künstlerhotel mit ausgeflipptem Ambiente).
******Durrants Hotel*, George Street, Tel. 0 20-79 35 81 31, Fax 0 20-74 87 35 10, www.durrantshotel.co.uk, E-Mail: enquiries@durrantshotel.co.uk (eines von Londons letzten luxuriösen Privathotels).

Essen & Trinken
Le Pain Quotidien, Marylebone High Street 72–75, Tel. 0 20-74 86 61 54 (Caféhauskette mit ausgezeichneten belgischen Sandwiches).

5

Eat and two Veg, Marylebone High Street 50, Tel. 0 20-72 58 85 95 (für Vegetarier).
Golden Hinde, Marylebone Lane 73, Tel. 0 20-74 86 36 44 (einer der besten Fish & Chips-Läden).
Patisserie Valerie, Marylebone High Street 105, Tel. 0 20-79 35 62 40.
Rococo Chocolates, Marylebone High Street 45, Tel. 0 20-79 35 77 80 (handgemachte Pralinen und Schokoleckereien).

Shopping
Jesus Lopez, Marylebone High Street 69, Tel. 0 20-74 86 78 70 (Schuhe von jungen Designern).
Toni & Guy, Marylebone High Street 8, Tel. 0 20-79 35 79 00 (Gratishaarschnitt, wenn man sich als Model hergibt).
VV Rouleaux, Marylebone Lane 102, Tel. 02 0-72 24 51 79 Fax 0 20-72 24 51 93 (Europas größter Posamentierer).
Little Stinkies, Paddington Street 64–65, Tel. 0 20-74 86 72 73 (Edelspielzeuggeschäft).
Alfie's Antique Market, Church Street 13–25 (Mekka für Innenarchitekten, die Klassiker des 20. Jahrhunderts suchen).

U-Bahn-Stationen
Marylebone, Baker Street, Regent's Park und Bond Street

Alte Lagerhäuser am Grand Union Canal in Camden wurden in Kunstläden umgewandelt.

Der Norden

1

5
4

2

THE POET-PAINTER
WILLIAM BLAKE
1757 — 1827
AND OF HIS WIFE

3

Soup of the Day 3.25
Filled Jacket Potato 4.95
(ask us about fillings)
Scampi, chips & peas 6.95
Chicken Jalfrezza 6.25
(medium hot curry served with rice)
Smokey Fish Crumble 6.25
served with potatoes & vegetables
Chilli con Carne 6.25
(served with rice)
Challenge 21
over 18

4

New Labour und neues Design

Islington & Clerkenwell – eine zentrumsnahe Metamorphose

Die beiden ehemaligen Einwanderer- und Arbeiterbezirke bekamen in den letzten Jahren ein neues Gesicht. New Labour Islington möbelte auf, Clerkenwell nimmt Anleihen von Stararchitektin Zaha Hadid.

A*re you going to Angel Station?*, fragt eine ältere Dame den Busfahrer der Linie 4. Der glatzköpfige Mann gibt keine Antwort. »*Are you going to Angel Station?*«, tönt es diesmal etwas lauter aus ihrem rosaroten Mund. »*Sorry, madam*«, entgegnet daraufhin der Busfahrer. »*I thought you were calling ME an angel!*« Solchen humorvollen Gespräche kann man in London oft lauschen. Besagte Angel Station ist der Hauptverkehrsknotenpunkt des nördlichen Stadtteils Islington. Die U-Bahn-Station kann sich zwar der längsten Rolltreppe in Europa rühmen, ist aber in der englischen Version des Spieles »Monopoly« das billigste Grundstück.

Vielleicht sollte das Spiel neu ausgelegt werden? In den letzten 20 Jahren hat sich das ehemalige Arbeiter- und Einwandererviertel zum bevorzugten Bezirk von New Labour gemausert. Tony Blair und Gordon Brown schlossen hier 1994 in einem italienischen Restaurant angeblich einen Pakt, demzufolge Brown dem späteren Premierminister die Führung in der Partei nicht streitig machen würde, Blair dafür aber seinen Mitstreiter zu seinem Nachfolger ernennen würde. »*The rest is history*«, wie man so schön auf Englisch sagt.

Heutzutage spazieren Politiker und Prostituierte einträchtig auf der mit Restaurants und Geschäften gespickten Upper Street einher. In der »Marquess Tavern« auf der Canonbury Street sitzen Börsenmakler friedlich neben Bauarbeitern und genießen ein Young's Bitter Ale. Fans des Fußballclubs »Arsenal« ziehen nach gewonnenem Match in dem brandneuen »Emirates Stadium« lautstark durch die Straßen.

Auch eine echte Lady hat sich in diesem Bezirk niedergelassen. Baroness Valerie Rossmore gestaltete eine ehemalige Tierarztpraxis aus dem Jahr 1845 in ein Bed & Breakfast Hotel um. Die gelernte Bühnenbildnerin ließ ihrer Kreativität auf drei Stockwerken freien Lauf. Von ihren Reisen nach Marokko, Frankreich und Italien brachte sie fein gewobene Wandteppiche und Kunstwerke mit. Die

1 Buntes Detail am Fleischmarkt von Clerkenwell. **2** Der Charterhouse Square mit seinen historischen Reihenhäusern. **3** Literaturfreunde bringen täglich frische Blumen zum Grab von William Blake. **4** Gemütliche Pubs gibt es in London wie Sand am Meer.

1

1 Das Barbican Centre ist ein Paradebeispiel für brutalistische Architektur. **2** Mittelalterliche Eingangshalle zur Kirche St. Bartholomew's the Great. **3** Das Wall 88 Building in Clerkenwell. **4** Clerkenwell war früher als Londons »Little Italy« bekannt.

blaugelbe Küche erinnert an Sonne und Meer der Riviera. Delfter Porzellan steht in den Regalen. Dutzende Kuchenformen aus Kupfer reihen sich um den Holzfeuerherd. Über die Betten in den Gästezimmern hat sie blütenweiße Spitzendecken gespannt, und ihre Gäste können den Abend in der ruhigen Atmosphäre des großen Wintergartens im Dachgeschoss ausklingen lassen. »Was ich an Islington besonders schätze, sind seine exzellenten Theater. Auf Wunsch mache ich meine Gäste auch mit Künstlern bekannt, die in der Gegend leben«, erklärt die Dame.

Das »Almeida Theatre« wurde 1980 gegründet und bringt die Werke zeitgenössischer Autoren auf die Bühne. Aber auch das alte Repertoire wird hier geschätzt: Ralph Fiennes sinnierte etwa als Hamlet über Sein oder Nicht-Sein. Das »King's Head Theatre« ist im gleichnamigen Pub auf der Upper Street gelegen. In dem ehemaligen viktorianischen Boxring werden Revuen und Musicals aufgeführt. Das »Sadler's Wells Theatre« besteht schon seit 1683. In seiner neuesten Inkarnation als ultramodernes Aufführungshaus hat es sich auf Ballettvorführungen spezialisiert.

Viele Einwanderer ließen sich über die Jahrzehnte hinweg in Islington nieder. Vladimir Lenin lebte von 1902 bis 1903 hier. Das Islington Museum gedenkt des Vaters der russischen Revolution auf seinen Schautafeln. Yotam Ottolenghi übersiedelte nach seinem Philosophiestudium in Israel nach London. Der gelernte Ästhetiker investierte seine Energien jedoch lieber in formvollendete Croissants als in langwierigen Theorien. Das nach ihm benannte Café-Restaurant hat sich mit frischer Biokost einen Namen gemacht. Zitronentörtchen, Konfitüren und sogar Nutella werden allesamt im Haus zubereitet. Koch Sami Tamimi nimmt für die Zubereitung von knackigen Salaten Anleihen von seiner levantinischen Heimat.

Zum eriträischen Restaurant »Zigni House« auf der Essex Road kommen Besucher von nah und fern. In ihrer Heimat ist Besitzerin Tsige Haile als Kochbuchautorin bekannt. In ihrem mit afrikanischem Mobiliar eingerichteten Lokal tunken die Gäste tellergroßes

3

4

Injera-Fladenbrot in würzige Gerichte. Das einem Eierkuchen ähnliche gedämpfte und gesäuerte Brot saugt die Sauce wie ein Schwamm auf. Fleisch-, Bohnen- und Gemüsestücke wickeln die Gäste mit der Hand einfach ins Brot ein und zwar ganz ohne Messer und Gabel.

Der benachbarte Bezirk Clerkenwell war im 19. Jahrhundert fest in italienischer und irischer Hand. Ganoven und Revoluzzer wohnten hier Tür an Tür. Charles Dickens siedelte den Unterschlupf von Meisterdieb Fagin in seinem Roman »Oliver Twist« in einem hiesigen Dachgeschoss an.

Lenin redigierte die kommunistische Exilzeitschrift »Iskra« in einem hübschen Gebäude aus dem 18. Jahrhundert auf der Clerkenwell Green 37a. In diesem Haus ist seit 1933 die »Marx Memorial Library« untergebracht, eine Bibliothek, die sich auf das Gedankengut der internationalen Arbeiterbewegung spezialisiert hat. Auch Lenins Arbeitszimmer ist noch im Originalzustand erhalten und kann besichtigt werden.

Nach dem Zweiten Weltkrieg zogen Hausbesetzer und Anarchisten in die verlassenen Fabrikgebäude. Und mit der Zeit auch Künstler. Ihnen folgten nach und nach die Yuppies. Da Clerkenwell gleich nördlich des Finanzzentrums in der City gelegen ist, werden die Lofts zu astronomischen Preisen gehandelt.

Architekturrevoluzzerin Zaha Hadid, die das BMW-Hauptgebäude in Leipzig entwarf und als einzige Frau mit dem Pritzker-Preis, dem Nobelpreis für Architektur, ausgezeichnet wurde, wirkt mit einem Kreativteam von 150 Mitarbeitern in einer alten Fabrik auf der Bowling Green Lane 10. Sie hat viel zu tun: Ihr wellenförmig geschwungenes Wassersportzentrum gewann die Ausschreibung für die 2012 stattfindenden Olympischen Spiele.

In den letzten Jahren ist Clerkenwell auch zum »Hot Spot« für Hotels geworden. Die Restaurantbesitzer Michael Bergman und Mark Salisbury verwandelten ein viktorianisches Lagerhaus in ein Boutique-Hotel, das kein allzu großes Loch in die Geldbörse der Gäste reißt. Reisende, die im »Zetter« absteigen, fühlen sich in einen Science-Fiction-Film aus den siebziger Jahren zurückversetzt. Die spiralenförmige Treppe schwingt sich über ein fünfstöckiges offenes Atrium zu den 59 Zimmern des im Jahr 2006 als »Bestes kleines Hotel« prämierten Hauses.

1 Eine ironische Zeitreise in die siebziger Jahre treten Gäste im Hotel Zetter an. **2** Der Lüster in der Lobby besteht aus gläsernen Callalilien. **3** Das Hotel Zetter ist vollkommen ökofreundlich. **4** Lady Valerie Rossmore bereitet in der Küche ihres Bed & Breakfast ein phantastisches Frühstück zu. **5** Das Hotel Malmaison am Charterhouse Square hat Violett als Grundton erwählt. **6** Ganz in Weiß ist das Café »Ottolenghi« gehalten.

Die Besitzer erhielten zwar viele architektonische Details aus dem 19. Jahrhundert, ließen den Designern bei der Wahl von Tapeten, Möbeln und Accessoires mit »Weltraum-Feeling« jedoch freie Hand. Von den vom Boden bis zur Decke reichenden Fenstern der sieben Suiten im Dachgeschoss und von der mit Vollholz verkleideten Terrasse hat man einen wundervollen Blick auf die City. Das »Zetter« setzt auf Ökologie. Alle Waschmuscheln sind aus wiederverwertetem Plastik hergestellt. Durch das Atrium bläst keine Klimaanlage, sondern eine natürliche Ventilation.

Das »Zetter« ist unweit vom trendigen Exmouth Market gelegen, in dem die Hotelbesitzer auch das spanisch-nordafrikanische Lokal »Moro« betreiben. Die Grünanlage »Spa Field Gardens« am Ende des Marktes erinnert an das 17. Jahrhundert, als Clerkenwell noch für seine Heilquellen bekannt war und die reichen Londoner hier-

her mit der Kutsche zu einem Kuraufenthalt kamen. Ein ebenfalls preiswertes Boutique-Hotel ist das »Malmaison« am historischen Charterhouse Square. Das in Lila-, Champagner- und Erdtönen gehaltene Hotel ist nach dem Liebespalais von Napoleon und Josephine benannt. Mit Samt überzogene Boudoirsessel finden sich hier und Bettzeug aus ägyptischer Baumwolle, wie sie der französische Kaiser von seinem Feldzug in die Wüste hätte mitbringen können. Auch die Brasserie orientiert sich an der französischen Küche und serviert zünftige Steak-Frites und Gänseleber auf Brioche.
In drei Reihenhäusern aus dem Jahr 1764 ist das Hotel Rookery untergebracht. Mit seinen roten Wänden, offenen Kaminen und liebevoll ausgesuchten Antiquitäten eignet es sich hervorragend für einen 24-stündigen Honeymoon. Alle Badezimmer sind ebenfalls mit antiken Accessoires ausgestattet. Am feudalsten ist das »Rook's Nest«, eine zweistöckige Suite im obersten Stockwerk mit Blick auf die St. Paul's-Kathedrale. Die riesige viktorianische Badewanne steht frei im Raum. Perserteppiche sind eine Selbstverständlichkeit. Das komfortable Bett wird von goldgelockten Engeln bewacht. Von wo sie wohl herflogen? Von der Angel Station natürlich?

Islington & Clerkenwell – vom Räubernest zum Design-Hot-Spot

Sehen & Erleben
Almeida Theatre, Almeida Street, Tel. 0 20-73 59 34 04, www.almeida.co.uk (exzellentes Theater, in dem Gael Bernal García und Juliette Binoche auftraten).
The King's Head Theatre, Upper St. 115, Tel. 0 20-72 26 19 16, www.kingsheadtheatre.org (Revuetheater in viktorianischem Pub).
Sadler's Wells, Rosebery Avenue, Tel. 0 20-78 63 81 98, www.sadlerswells.com (Tanztheater).
Marx Memorial Library, Clerkenwell Green 37a (Bibliothek mit Leninmuseum).
Emirates Stadium, Highbury House, Drayton Park 75, Tel. 0 20-77 04 40 00, www.arsenal.com (Heimat des Fußballclubs Arsenal).

Übernachten
Bed & Breakfast Valerie Rossmore, E-Mail: valerie.rossmore@virgin.net (Bed & Breakfast in Islington).
*****The Zetter*, Clerkenwell Road 86–88, Tel. 0 20-73 24 44 44, Fax 0 20-73 24 44 45, www.thezetter.com, E-Mail: info@thezetter.com (erschwinglich und chic).
*****The Rookery*, Cowcross St., Tel. 0 20-73 36 09 31, www.rookeryhotel.com, E-Mail: reservations@rookery.co.uk.
/**Malmaison*, Charterhouse Square, Tel. 0 20-70 12 37 00, www.malmaison-london.com, E-Mail: london@malmaison.com (Hotel in einem viktorianischen Ziegel gebäude im Boudoirstil. Preiswert).

6

Essen & Trinken
Ottolenghi, Upper St. 287 (Biocafé mit selbstgemachter Nutella).
Zigni House, Essex Road 330, Tel. 0 20-72 26 74 18 (Restaurant mit schmackhafter eriträischer Küche).
Smith of Smithfields, Charterhouse St. 67–77, Tel. 0 20-72 51 79 50 (Steakrestaurant auf trendiger Straße).
Marquess Tavern, Canonbury St. 32, Tel. 0 20-73 54 29 75 (Pub für alle Gesellschaftsschichten).
Moro, Exmouth Market 34–36, Tel. 0 20-78 33 83 36 (marokkanische Gerichte und Tapas).

Ausgehen
Garage Highbury Corner 20–22.
Buffalo Bar, Upper St. 259.

Shopping
Camden Passage (nette Fußgängerzone mit Antiquitätengeschäften bei der Angel Station).
Exmouth Market (Gourmetmarkt mit guten Geschäften und Restaurants).
Her House, Great Sutton St. 30D (Morag Myerscough präsentiert die Erzeugnisse von britischen Designern in ihrem eigenen Wohnhaus.)
Lesley Craze Gallery, Clerkenwell Green 33–35A (Schmuckwaren von über 100 britischen Designern).

U-Bahn-Stationen
Angel Tube Station, Farringdon, Barbican, Arsenal

1

2

perfecting my image

3

& TATTOO
JAMES ROAD
AL PACINO
SCARFACE
STUDIOS
TATTOO & PIE
EQUINOX
All Bags
£18
BELGIAN WA
SWEETS
CHOKOLATIE
CHOCOLATE STRAWBERRY DELIGHTS
ICE CREAM CAPPUCCINOS
LA RUSTICA
ICE CREAM

4

Flohmarkt der Eitelkeiten

Camden Town – Zentrum der Jugendkultur

Hippie, Rock, Punk, Disco, Grunge, Hip-Hop – seit über 40 Jahren hat fast jeder Musikstil das alternative Stadtviertel mitgeprägt. Hier finden junge Bohemiens das passende Outfit.

Hautenge Jeans, ein überdimensional großes T-Shirt und ein Haarschopf wie ein Bienenstock – das sind die Markenzeichen von jungen Frauen, die nächtens in den zahlreichen Bars, Pubs und Diskotheken des Nordlondoner Viertels Camden herumschwirren. Camden ist seit fast einem halben Jahrhundert das Epizentrum jeder neuen musikalischen Bewegung.

Im »Roundhouse Theater« sangen die »Doors« 1968 »Light my fire«. Sid Vicious von den »Sex Pistols« schrie 1976 im »Electric Ballroom« die Punk-Bewegung ins Leben. »U2« tingelte in den frühen Achtzigern, »Coldplay« Ende der Neunziger durch die örtlichen Clubs. Angeführt von der britischen Soul-Diva Amy Winehouse und Enfants terribles wie Supermodel Kate Moss und »Babyshambles«-Boyfriend Pete Doherty laben sich die jungen Wilden heutzutage an Cocktails wie etwa dem »Rickstasy« (drei Schuss Wodka und je ein Schuss Southern Comfort, Bananenlikör und Baileys Irish Cream). Die Ausgelassenheit findet im April ihren Höhepunkt: Da zeigen 80 neue Gruppen während zweier Nächte in 15 Lokalen durchgehend ihr Können.

Camden war bis zum 19. Jahrhundert ein Niemandsland. Als 1811 der Regent's Canal und später mehrere Bahnlinien gebaut wurden, verwandelte sich das Viertel in ein Sammelbecken für Einwanderer. Seinen Ruf als Slum konnte es erst Mitte des 20. Jahrhunderts ablegen. Doch viele Gebäude aus dem 19. Jahrhundert sind erhalten geblieben, und besonders die Wohnungen entlang des Kanals sind aufgrund ihrer Aussicht heiß begehrt.

Auf mehreren hippen Märkten finden die »Camden-Girls« die passende Bekleidung für ihre nächtlichen Ausflüge. Der wohl schönste Markt rankt sich um die Kanalschleuse Camden Lock. In Dutzenden Ständen vor dem Bootsankerplatz sowie innerhalb des über hundert Jahre alten Gebäudekomplexes verkaufen Kunsthandwerker Ohrringe aus Silber, Kokosnussholz und Perlmutt. Tropfenförmige Windspiele aus rotem Glas verbreiten angenehme Klangharmonien. In der Luft mischt sich der Duft von kulinarischen

1 Jason's Trip führt tägliche Bootstouren von Little Venice nach Camden Lock. **2** Poppige Schuhe auf der High Street von Camden. **3** Sturzhelm und Motorhaube sind perfekt aufeinander abgestimmt. **4** Tätowierungen und Piercing-Salons gibt es in Camden viele.

1 Bei den Self-Service-Ständen von Camden Lock Place können Leckerbissen aus aller Herren Länder verkostet werden. **2** Eine Verschnaufpause nach dem Shopping tut gut. **3** Von indischen Seidenschalen bis Ohrringen aus Kokosholz findet sich hier alles.

Köstlichkeiten aus aller Welt – Krevetten in Kokosnusssauce und Ziegenfleisch mit Curry werden auf Papptellern verkauft und meistens im Stehen gegessen.

Neben dem Camden Lock Market befindet sich der Antiquitätenmarkt Stables. Er ist in einem ehemaligen Pferdekrankenhaus angesiedelt, in dem jene Rappen und Stuten verarztet wurden, die in vergangenen Zeiten Lastkähne den Kanal entlangzogen. An 40 Ständen werden heute Designklassiker aus dem 20. Jahrhundert zum Verkauf angeboten, goldbauchige Bauhausteekannen von Marianne Brandt und schmucklose Kaffeetischchen von Eero Saarinen.

Überquert man die Chalk Farm Road, gelangt man zum Canal Market, auf dem Massenware für Jugendliche schnell einen Abnehmer finden. Billige Lederjacken sind hier ebenso zu haben wie Rastafariperücken. 150 000 Stadtbewohner und Touristen ziehen am Wochenende durch Londons größtes Ausflugsziel. Deshalb ist es ratsam, das Viertel unter der Woche zu besuchen.

Etwas abseits des Trubels befindet sich das Bed & Breakfast 66 Camden Square. Gemeinsam mit einem Holiday Inn-Hotel ist es eines der wenigen nennenswerten Unterkunftsmöglichkeiten in Camden. Besitzer Rodger Davis ist Architekt und brachte eine Vielzahl schöner Dinge von seinen Reisen in den Fernen Osten mit. Für sein luftiges, minimalistisch gestaltetes Haus verwendete er afrikanisches Teakholz. Die Zimmer sind ganz im japanischen Stil gehalten: Futonbetten, Papierlampenschirme und schlichte Bettbezüge prägen die Räume, die Fenster aus blauem und rotem Glas verbreiten ein angenehmes Licht. »66 Camden Square« verfügt auch über einen kleinen Garten. Vom Frühstückstisch aus können Gäste mit Peckham sprechen, dem Papagei der Davis-Familie.

Ebenfalls in einer ruhigen Seitengasse liegt Londons jüdisches Museum. Es enthält Kunstschätze wie eine venezianische Bundeslade aus dem 17. Jahrhundert, die aus Londons Großer Synagoge stammt, die im Jahr 1941 von Nazibombern zerstört wurde. Das

Museum gibt einen eindrucksvollen Überblick über die Geschichte der jüdischen Gemeinde auf den britischen Inseln. Kurz vor Beginn des Zweiten Weltkriegs öffneten zahlreiche britische Familien 10 000 Kindern aus Deutschland und Österreich ihr Heim. Die jungen Menschen konnten damals dem Gräuel gerade noch auf mehreren Kindertransporten entkommen.

Auch heute prägen verschiedene Einwanderergruppen das Straßenbild von Camden. Aus den einfachen Lokalen auf der Plender Street duftet *caldo verde*, eine portugiesische Grünkohl- und Kartoffelsuppe mit Knoblauchwurst. Die Manzi-Familie, ursprünglich Immigranten aus Sizilien, erzeug in der Gelateria »Marine Ices«, gegenüber der U-Bahn-Station Chalk Farm gelegen, ihre eigenen gefrorenen Köstlichkeiten. Londoner aus weit entfernten Bezirken kommen hierher, um den traditionellen Eissalon zu besuchen.

Eine der jüngsten Einwanderergruppen hat Camden ebenfalls ihren kulinarischen Stempel aufgedrückt. Aus dem kleinen brasilianischen »Barraco Café« dringen Sambaklänge. Werden sich diese wohl mit anderen Einflüssen zu einem neuen musikalischen Stil vermischen?

Camden – Zentrum der Jugendkultur

Sehen & Erleben
Jewish Museum, Albert Street 129–131, Tel. 0 20-72 84 19 97, www.jewishmuseum.org.uk, So–Do 10–16 Uhr.

Übernachten
****Holiday Inn – Camden Lock*, Jamestown Road 28, Tel. 0 20-74 85 43 43, Fax 0 20-74 85 43 44, www.holidayinncamden.co.uk, E-Mail: info@holidayinncamden.co.uk
(nettes, günstiges Kettenhotel mit Blick auf den Regent's Canal).
66 Camden Square, Camden Square 66, Tel. 0 20-74 85 46 22, E-Mail: rodgerdavis@btopenworld.com
(ruhiges Bed & Breakfast mit Garten im japanischen Stil).
78 Albert Street, Albert St. 78, Tel. 0 20-73 87 68 13, E-Mail: joanna@peterbellarchitects.co.uk (gediegenes Bed & Breakfast in einem 200 Jahre alten Reihenhaus).

Essen & Trinken
Lemongrass, Royal College St. 24, Tel. 0 20-72 84 11 16 (preiswerte Spezialitäten aus Kambodscha).
Cottons, Chalk Farm Road 55, Tel. 0 20-74 85 83 88 (elegantes karibisches Restaurant mit 150 Rumsorten).
Belgo Noord, Chalk Farm Road 72, Tel. 0 20-72 67 07 18 (belgische Küche).
Barraco, Kingsgate Place 10, Tel. 0 20-76 04 46 64 (gemütliches brasilianisches Straßencafé mit herrlichen tropischen Säften).
Marine Ices (Casa Manzi), Haverstock Hill 8, Tel. 0 20-74 82 90 00 (seit 1930 eine Eissaloninstitution).
Haché, Inverness St 24, Tel. 0 20-74 85 91 00 (Hamburger aus Schottland).
Camden Brasserie, Jamestown Road 9–11, Tel. 0 20-74 82 21 14 (Elegant und erschwinglich).
Nando's, Chalk Farm Road 57–58, Tel. 0 20-74 24 90 40 (Kette mit preiswerten portugiesischen und südafrikanischen Spezialitäten).
Kaz Kreol, Pratt St. 35, Tel. 0 20-74 85 47 47 (Spezialitäten von den Seychellen. Günstiges Mittagsbuffet).

Ausgehen
Roundhouse, Chalk Farm Road, Tel. 0 20-74 24 99 91 (Reparaturwerkstätte aus dem Jahr 1846. Erstklassige Theater- und Musikvorführungen).
Electric Ballroom, Camden High St. 184, Tel. 0 20-74 85 90 06 (Geburtsort des Punk).
Koko, Camden High St. 1A, Tel. 08 70-4 32 55 37 (In dem alten Theater trat schon Charlie Chaplin auf. Jetzt gibt Amy Winehouse hier den Ton an.)
The Dublin Castle, Parkway 94, Tel. 0 20-74 85 17 73 (Bands wie »Coldplay« bekamen hier ihre erste Chance.)

Shopping
Märkte: *Camden Lock*, Camden Lock Place, täglich von 10–18 Uhr (Kunsthandwerk).
Stables, Chalk Farm Road, täglich von 10–18 Uhr (Designklassiker aus dem 20. Jh.).
Camden Canal Market, Chalk Farm Road/Castlehaven Road (Fr–So 9:30 bis 18:30 Uhr. Billige Massenware).
Camden Market, Camden High St./Buck St. (Täglich von 9:30 bis 17:30 Uhr. Obst- und Gemüsemarkt).

U-Bahn-Stationen
Camden Town, Chalk Farm

1

2

3

4

Am grünen Rand der Stadt

Hampstead & Highgate – misstrauen Sie der Idylle!

Die beiden Nordlondoner Viertel haben sich über Jahrhunderte hinweg ihren Dorfcharakter erhalten. Der riesige Park Hampstead Heath diente vielen Schriftstellern und Dichtern als Inspirationsquelle. Aber auch Vampire trieben hier ihr Unwesen …

Heide, Wiese und Wald – all diese Naturgebiete umfasst Hampstead Heath, die 320 Hektar große grüne Lunge Nordlondons. 100 Vogelarten zwitschern in den Bäumen und Büschen vor sich hin. Von den 29 Teichen ist einer für Männer, einer für Frauen und einer für den »gemischten Gebrauch« vorbehalten. Am Männerteich aalen sich hassidische Juden in der Sonne, da sie Damenaugen scheuen, wenn sie nur spärlich bekleidet sind. Am Frauenteich kraulen mittlerweile ein paar Amazonen zügig durch das kühle Nass. Die Stimmung ist wildromantisch. Grüne Hecken schützen hier vor neugierigen Blicken.

Schriftsteller, Dichter und Künstler haben sich in Hampstead und Highgate im Laufe der letzten 200 Jahre niedergelassen. Samuel Taylor Coleridge, John Keats, George Orwell, Agatha Christie und John Le Carré spazierten gern durch die verwinkelten Gassen der beiden charmanten Dörfer, die einem Bilderbuch aus dem 18. Jahrhundert entsprungen zu sein scheinen. Auch ein Amerikaner in London kann sich dem Charme dieser Gegend nicht entziehen. Jay Parini, dessen Tolstoi-Buch »Last Station« mit Meryl Streep und Anthony Hopkins verfilmt wurde, wandert von seiner Wohnung auf der Steeles Road oft zum Heath hinauf. Auf seinen Spaziergängen begegnet ihm manchmal Jude Law mit seinen Kindern. Gwyneth Paltrow nippt im »Starbucks« auf der England's Lane hin und wieder einen Cappuccino. Auf der Regent's Road schieben hübsche Mütter ihre Babys von der Cachao Patisserie zu Beatrix Ongs Schuhgeschäft.

Jay Parini zieht es aber ins Herz von Hampstead. Nach seiner Promenade bestellt er sich in »Louis Hungarian Patisserie« einen doppelten Mokka. Dann präsentiert ihm die Kellnerin ein Tablett, das mit Mohnkuchen, Nussstrudel und Dobostorte voll beladen ist. Er wählt einen Marzipanmond aus. »Ein Mensch, der von London verdrossen ist, hat von der Welt genug«, zitiert er Samuel Johnson, einen Schriftsteller aus dem 18. Jahrhundert. »Ich liebe diese Stadt.

1 Skulptur von Henry Moore im Garten von Hampstead Heath.
2 Desserts wie in Österreich-Ungarn gibt es in der Patisserie Louis.
3 Literat Jay Parini schätzt die künstlerische Gemeinschaft in Hampstead.
4 Im Garten seines Hauses fühlte sich Sigmund Freud wohl.

1

2

3

Und ganz besonders Hampstead Heath. Obwohl die Gegend für Künstler zu teuer ist, haftet ihr noch immer das Flair der vergangenen Tage an, als sich Poeten und Philosophen auf der Straße begegneten.«
In der ungarischen Konditorei plaudern ältere Damen auf niedrigen Stühlen mittlerweile über die letzte Vorstellung im Hampstead Theatre. Ein graumelierter Mann in einer Tweedjacke liest schon seit Stunden auf der altmodischen Lederbank eine Zeitung. In dieses Café im traditionellen europäischen Stil hätte Walter Benjamin gepasst, dessen Flucht durch Frankreich Parini in seinem Roman »Dunkle Passagen« beschrieb. Oder Anna Freud, die Tochter und Nachfolgerin des Begründers der Psychoanalyse. Nachdem ihr Vater mit ihr und anderen Familienmitgliedern 1938 aus Wien emigriert war, ließ er sich in einem Patrizierhaus auf der Straße Maresfield Gardens nieder.
Dort ist heute ein Freud-Museum untergebracht, wo mitten im Arbeitszimmer die berühmteste Couch der Welt steht. Da Freud sein Mobiliar aus Wien mitnehmen konnte, ist das gesamte Museum mit seinen Einrichtungsgegenständen aus der Berggasse 19 bestückt. Auf dem Schreibtisch liegt Freuds Nickelbrille, und den Besucher beschleicht das Gefühl, als komme er jeden Moment aus seinem Garten ins Haus zurück und würde sie wieder auf die Nase setzen. Freud liebte die Natur. Im ersten Stock flimmern alte Filmaufnahmen an der Wand, die ihn in der Sommerfrische in einem Vorort von Wien zeigen. Freuds Architektensohn Ernst gestaltete eine Glasloggia, damit sein Vater auch an kalten Tagen ins Grüne blicken konnte. Hier ist heute ein Museumsshop eingerichtet, in dem sogar Sigmund-Kuschelpuppen verkauft werden. Ob die wohl den Ödipuskomplex fördern?
Als Sigmund Freud 1939 die durch Zungenkrebs verursachten Schmerzen kaum mehr ertragen konnte, folgte sein Arzt seinen Anweisungen und verabreichte ihm eine tödliche Dosis Morphium. Freuds Asche wurde im Krematorium in Golders Green beigesetzt, einem an Hampstead Heath angrenzenden jüdischen Viertel.
Dort ruht auch Bram Stoker, der Autor des Gruselklassikers »Dracula«. Hampstead und Highgate haben durch diesen Roman der Weltliteratur Berühmtheit erlangt. Lucy, Draculas jungfräuliches Opfer, ging in Hampstead Heath auf Kinderfang, und ihr Grabmal

4

1 Kinderpsychologin Anna Freud wohnte bis 1982 in diesem Haus. **2** Freud betrachtete antike Statuen als Stellvertreter für unterdrückte Wünsche. **3** Die berühmte Couch emigrierte von Wien nach London mit. **4** Anna Freuds Schreibtisch. **5** Die U-Bahn-Station von Hampstead ist über hundert Jahre alt.

siedelte Stoker im westlichen Teil des Highgate Cemetery an. Der Friedhof jagt leicht Schreckbaren auch heute noch Schauer über den Rücken. Der gespenstischste Teil ist die überwucherte Egyptian Avenue. Ein ägyptisches Säulenportal gibt Eintritt in die »Stadt der Toten«, eine Gruppe von Mausoleen, die wie Reihenhäuser aneinandergebaut sind. Bram Stoker ließ sich hier zu einem anderen Roman, »Das Juwel der sieben Sterne«, inspirieren.

Der stimmungsvolle westliche Teil des Friedhofs von Highgate kann nur in einer Führung besichtigt werden, da in den sechziger Jahren den letzten Jahrhunderts Vandalen mehrere Gräber verunstalteten. Im Ostteil kann man auch alleine herumstreichen, er ist allerdings nicht so atmosphärisch wie der Westteil. Dafür hat er einen berühmten Bewohner. Die sterblichen Überreste von Karl Marx ruhen vor einer ziemlich vulgären neostalinistischen Bronzeskulptur. Hierher pilgerten Nikita Chruschtschow und Leonid Breschnew, als sie auf Staatsbesuch kamen.

Den beiden kommunistischen Staatschefs wäre der Earl of Iveagh wohl ein Dorn im Auge gewesen. Er kaufte 1925 Kenwood House auf der höchsten Erhebung von Hampstead Heath. Von dem Palais

1 Das Kenwood House berühmt für eine phantastische Kunstsammlung. **2** Ein dörflicher Charakter prägt Hampstead. **3** und **4** Die gemütliche Küche im Hampstead Guest House und: Schlafen unter Blumen.

genießt man eine herrliche Aussicht über ganz London. Das Gebäude stammt aus dem frühen 16. Jahrhundert und wurde von 1764 bis 1779 von Meisterarchitekt Robert Adam (1728–1792) im klassizistischen Stil umgestaltet. Besonders gut gelang Adam die mit goldenem Stuckwerk verzierte Bibliothek. Die Deckengemälde stammen vom italienischen Maler Antonio Zucchi (1726–1795), der seine spätere Frau, die Schweizer Malerin Angelica Kauffmann (1741–1807), im Schloss kennenlernte. Die Schlossverwaltung hat die Orangerie ihrem ursprünglichen Zweck zugeführt. Dort tragen kleine Bäume duftende Früchte.

Um den Valentinstag veranstaltet die Schlossverwaltung romantische Führungen durch das Kenwood House. Auch einige von Angelica Kauffmanns Bildern sind hier ausgestellt. 1927 hinterließ der Earl of Iveagh seine Gemäldesammlung mit Werken aus dem 17. und 18. Jahrhundert dem englischen Staat. Besucher können heutzutage Meisterwerke von Rembrandt, van Dyck und Vermeer bestaunen.

Die Gemälde ihrer Landsleute kann die Holländerin Annemarie van der Meer immer besuchen, wenn ihr der Sinn danach steht. Sie hat fünf Minuten von der U-Bahn-Station Hampstead ein gemütliches Bed & Breakfast eröffnet. Alle Zimmer in ihrem renovierten Reihenhaus sind mit antikem Mobiliar und zeitgenössischen Stücken von Kunsttischlern ausgestattet. In den Sommermonaten serviert sie ihren Gästen ein »full English breakfast« – Würstchen, Eier, Champignons, Grilltomate und Toast – im hübschen Garten.

»La Gaffe«, also einen Fehler, nennen Bernardo Stella und seine Frau Androulla ihr Hotel auf der Heath Street. Bernardo ist Italiener, Androulla ist Zypriotin, und dass ihr Hotelrestaurant französisch war, musste einfach ein Fehler sein. Ist es aber nicht. Stammgäste halten »La Gaffe« schon seit 1962 die Treue. »Unsere Gäste kommen aus aller Welt«, erzählt Lorenzo Stella, der das Hotel

gemeinsam mit seinem Bruder Salvatore führt. »Sie kommen nach Hampstead, weil sie London von seiner gemütlichen Seite kennenlernen wollen.« Das heimelige Hotel ist in einer hübschen Schäferhütte aus dem Jahr 1734 angesiedelt. Da ein Schäfer kein Lord ist, sind die Zimmer nicht ganz so groß wie im Kenwood House. Wenn das Hotel jedoch stark belegt ist, können Gäste auch in eines der beiden Nebengebäude ausweichen.

Am Abend treffen sich die Bewohner von Hampstead Heath in einem der vielen Pubs. Einige von ihnen können auf eine abwechslungsreiche Geschichte zurückblicken. Das »Spaniards Inn« war ursprünglich ein Mauthaus und wurde bereits 1585 erbaut. Hier soll sich Londons Meisterdieb Dick Turpin bei einem Bierchen ausgeruht haben. Seine Bande von Wegelagerern beobachtete einstweilen vom Pub aus die Straße und schlug zu, wenn eine Kutsche reich beladen dahergerumpelt kam. Straßenräuber gibt es heute glücklicherweise nicht mehr. Aber vielleicht lauert ein Vampir in der nächsten Ecke?

Hampstead & Highgate – Oasen der Ruhe

Sehen & Erleben
Hampstead Heath (wunderschöner Park und Wald mit 100 Vogelarten und 29 Teichen).
Kenwood House, Hampstead Lane, Tel. 0 20-83 48 12 86, www.english-heritage.org.uk (Palais in Hampstead Heath mit malerischem Blick über London. Eindrucksvolle Kunstsammlung. Gratiseintritt).
The Freud Museum, Maresfield Gardens 20, Tel. 0 20-74 35 20 02, www.freud.org.uk (Freuds Exilheim mit der Originaleinrichtung aus Wien).
Highgate Cemetery, Swain's Lane, Tel. 0 20-83 40 18 34, www.highgate-cemetery.org (Karl Marx, George Eliot und Michael Faraday sind im Ostteil begraben, der Westteil ist jedoch stimmungsvoller.)
2 Willow Road, Willow Road 2, Tel. 0 20-74 35 61 66, www.nationatrust.org.uk (Bauhaus-Wohnhaus von Architekt Ernö Goldfinger. Einrichtung original aus den dreißiger Jahren).

Übernachten
Hampstead Village Guesthouse, Kemplay Road 2, Tel. 0 20-74 35 86 79, Fax 0 20-77 94 02 54, www.hampstead-guest-house, E-Mail: cominfo@ hampstead-guesthouse. com (Bed & Breakfast mit romantischem Garten).

4

**La Gaffe*, Heath St. 107–111, Tel. 0 20-74 35 89 65, Fax 0 20-77 94 75 92, www.lagaffe.co.uk, E-Mail: info@lagaffe.co.uk (erschwingliches Hotel in ehemaliger Schäferhütte. Familienzimmer mit Waschmaschine).
****Langorf Hotel & Apartments*, Frognal 20, Tel. 0 20-77 94 44 83, Fax 0 20-74 35 90 55, www.langorfhotel.com (günstiges Apartmenthotel).

Essen & Trinken
Louis Hungarian Patisserie, Heath St. 32 (ungarische Konditorei mit herrlichem Mohnkuchen).
The Engineer, Gloucester Avenue 65 (Gastropub im Besitz von Tamsin Olivier, Tochter von Sir Lawrence).
Spaniard's Inn, Spaniards Road (Taverne aus dem Jahr 1585).
Queen's, Regents Park Road 49 (Jude Laws Lieblingspub).
Freemasons Arms, Downshire Lane 32 (Pub neben Kenwood House mit nettem Garten. Alte englische Skittle-Kegelbahn im Keller).

Ausgehen
The Boogaloo, Archway Road 312 (untouristischer Musikertreff).
Hollybush, Holly Mount 22 (Pub in einem Gebäude aus dem Jahr 1643. Am Dienstag ist Poetry Night!)

U-Bahn-Stationen
Belsize Park, Chalk Farm, Hampstead, Highgate, Archway, Swiss Cottage, Finchley Road, Frognal

GEORGIVS III REX A REGNI LV A D MDCCCXIV

Der Osten

Das Old Royal Naval College in Greenwich ist ein Meisterwerk barocker Architektur.

Holiday snaps to weddings
printed in minutes at Snappy Snaps
1

2

3

THE CITYS
BIGGEST
DESIGNER
FATHERS DAY
THIS
SUNDAY
ANY ITEM
£4
£10
4

Ghetto Chic

Kunst und Kohle in Hoxton, Shoreditch & Spitalfields

Jack the Ripper hat schon lange ausgesorgt. Junge britische Künstler machten die früheren Elendsviertel zum Ende der neunziger Jahre wieder salonfähig.

Salaam aleikum«, begrüßt ein frommer Moslem seinen Glaubensbruder beim Eintritt in die Jamme Masjid Moschee auf der Brick Lane. »*Aleikum salaam*«, erwidert der Mann im weißen Kaftan freundlich. Im Inneren der Moschee rollen die beiden ihre Teppiche aus, knien sich nieder und beginnen zu beten. In ihrer Andacht ist ihnen vielleicht gar nicht bewusst, dass ihr Glaubenshaus eine lange und multireligiöse Geschichte hat.

Französische Hugenotten, osteuropäische Juden, bengalische Moslems – sie alle ließen sich im Laufe der Zeit in den Einwandererbezirken Hoxton, Shoreditch und Spitalfields im Londoner East End nieder. Die Jamme Masjid Moschee ist dort eines der am besterhaltenen Bauwerke aus dem 18. Jahrhundert. Sie wurde im Jahr 1743 von Hugenotten errichtet, die aus Frankreich geflohen waren. Als sich diese religiöse Gruppe mit der Londoner Bevölkerung vermischte, wandelten Juden, die im 19. Jahrhundert vor Pogromen in Osteuropa geflüchtet waren, das Glaubenshaus in eine Synagoge um. Diese religiöse Gemeinschaft arbeitete sich schließlich auch aus den Elendsvierteln heraus und übergab das Gotteshaus Anfang des 20. Jahrhunderts an einen methodistischen Pastor. Seit 1976 begrüßt ein Imam eine moslemische Glaubensgemeinschaft, die seit den sechziger Jahren aus Bangladesch eingewandert war.

»*Umbra sumus*« – »Wir sind alle Schatten«. Diese gewichtige Inschrift trägt die Sonnenuhr auf der Fassade der Moschee, die die Hugenotten hier in Stein einmeißelten. Wie Schatten mögen die Mitglieder verschiedener Volksgruppen und Religionsgemeinschaften aus Hoxton, Shoreditch und Spitalfields verschwunden sein. Ihre Kultur hat die Stadtlandschaft jedoch nachhaltig geprägt.

»Sho-Ho«, eine Namensverkürzung von Shoreditch und Hoxton, nennen Immobilienhändler die Gegend in Anlehnung an das einstige New Yorker Kreativ- und jetzige Kommerzviertel Soho. Seit Anfang der neunziger Jahre hat sich eine neue Gruppe in der Gegend zwischen den U-Bahn-Stationen Old Street, Aldgate und Liverpool Street niedergelassen: Künstler wie Chris Ofili und Tracy

1 Auch auf Taxis wird der englische Sinn für Humor sichtbar. **2** Eine Graffitiwandmalerei auf der Brick Lane. **3** Die Kartoffeln auf dem Brick Lane Market stammen von der Atlantikinsel Jersey. **4** Billige Klamotten auf dem Petticoat Lane Market.

1 Die Shoreditch High Street ist die Hauptader der neuen Trendszene. **2** Im Giraffe Global Food Restaurant am Spitalfields Market werden saftige Burger serviert. **3** Auf dem Brick Lane Market wird alles verkauft, was nicht niet- und nagelfest ist. **4** Im Café Kick treffen sich die Tischfußballer.

Emin zogen damals in riesige, leer stehende Fabriklofts. Die Künstler, die später als »Young British Artists« Furore machten, trafen sich hier in Bars, um nächtelang darüber zu diskutieren, wie man am besten ein Madonnabild mit Elefantendung beschichtet.

Ähnlich wie in den benachbarten Vierteln Clerkenwell und Islington folgten ihnen allerdings IT-Millionäre und junge Börsengewinner auf den Fuß. Dutzende Galerien, Restaurants, Bars und Clubs säumen heute die Old Street, Shoreditch High Street, Commerce Street und den Spitalfields Market. Avantgardistische Künstler, die noch nicht bei renommierten Galerien ausstellen, ziehen einstweilen nach Hackney und Bethnal Green um.

Die Schatten einiger unkonventioneller Freidenker wachen jedoch noch immer über das kreative Treiben: Am Bunhill Fields Cemetery, einem Friedhof außerhalb der alten Stadtmauern in der City, ruhen Daniel Defoe (1659/61–1731), Autor des berühmten »Robinson Crusoe«, sowie der visionäre Dichter und Künstler William Blake (1757–1827). Beide waren Gegner der Church of England und wurden als Andersgläubige in ungeweihter Erde beigesetzt. Mit seinem Aufruf, bis an die Grenzen der Phantasie vorzudringen, inspirierte Blake sogar noch Musiker wie Bob Dylan und »The Doors« in den sechziger Jahren des 20. Jahrhunderts. Auf seinem Grab hat jemand eine Feige auf einen Würfel gelegt, wohl eine mysteriöse Anspielung an eines seiner Gedichte. Für Defoe wurde ein weißer Miniaturobelisk als Grabstein errichtet. Der ist allemal besser als der Schandpfahl, an den Defoe zu Lebzeiten wegen allzu freier Meinungsäußerung gekettet wurde.

Riesige Eichen und Linden wehen auf dem stimmungsvollen Friedhof im Wind. »Ich passe auf, dass Wills und Dan auch keinen Unfug anstellen«, spaßt Friedhofswächter Tom, der die meisten Tage im Jahr in seiner grünen Hütte sitzt. »Stolpert bei eurem Spaziergang nicht über die Fuchslöcher«, ruft er ein paar vorbeiziehenden Besuchern nach. Tatsächlich schleichen nachtsüber mehrere Stadtfüchse um die verwitterten Grabsteine, und Käuzchen schwingen sich durch die Lüfte.

»Die Füchse durchstöbern in den frühen Morgenstunden die Abfalleimer von Restaurants«, erklärt Tom. Die Tiere müssen ganz

3

4

schöne Gourmets sein! Schließlich fressen sie, was wählerische Restaurantbesucher übrig gelassen haben. Zum Beispiel Kammmuschelsashimi mit Ingwer und Kokosnuss, wie es in Jamie Olivers viel besuchtem Restaurant »Fifteen« zubereitet wird. 15 weniger privilegierte Jugendliche bildet der Starkoch pro Jahr zu Meisterköchen aus. Im Lehrrestaurant lernen die jungen Menschen, Zutaten aus biologischem Anbau in raffinierte Gerichte zu verwandeln.

Das Konzept findet Nachahmer: Die südafrikanische Küchenchefin Prue Leith eröffnete 2004 das Lokal »Hoxton Apprentice«, das arbeitslosen Jugendlichen ebenfalls eine neue Chance bietet. Gleich um die Ecke von Jamie Oliver bereiten die Lehrlinge einen kambodschanischen Salat aus Königskrabben und Granatapfelkernen zu – wobei der Gast nur den halben Preis vom »Fifteen« aufbringen muss. Das »Hoxton Apprentice« ist am Hoxton Square angesiedelt, dem Hauptplatz des gleichnamigen Viertels. An warmen Sommerabenden quellen die Besucher förmlich aus den Bars und Restaurants auf den Bürgersteig.

Die White Cube Gallery spiegelt die Wandlung wider, die diese Gegend im Laufe der letzten Jahre durchmachte. Auf dem einfachen Ziegelbau aus den zwanziger Jahren sitzt ein zweistöckiger verglaster Kubus. Besitzer Jay Jopling vertritt eine Reihe von »Young British Artists«, die in den neunziger Jahren die Kunstszene eroberten. Die Galerie hält sich an das Prinzip, pro Raum immer nur einen Künstler auszustellen. Dadurch wirke das Werk angeblich besser. Diamantenbesetzte Totenköpfe von Damien Hirst funkeln hier auf einem Podest, und Sam Taylor-Woods schlafender David Beckham flimmert als Stummfilm an der Wand.

Eine viktorianische Möbelfabrik auf der Wharf Road hat die Galeristin Victoria Miro im Jahr 2000 renovieren lassen, um Werke von internationalen Künstlern auszustellen. Der Elefantenkot auf Chris Ofilis Malereien verbreitet einen erdigen Geruch im Raum. Ofilis Werke werden für rund eine Million Euro gehandelt. Kein Wunder, dass Victoria Miro eine der größten kommerziellen Galerien in ganz London ist.

Eine philanthropische Mission verfolgt die Whitechapel Gallery auf der Whitechapel High Street, seit sie 1899 von Samuel Barnett gegründet wurde. Der Vikar wollte den armen Bevölkerungsschichten im East End Kunst nahe bringen und sie dadurch zu moralischen Bürgern erziehen. Die Galerie ist in einem mit Zinnen geschmückten Jugendstilgebäude untergebracht. 1939 holten die

1

2

3

4

Wie ein Phönix aus der Asche

Canary Wharf & Docklands – Hightech und alte Lagerhäuser

Über ein Jahrhundert war das Ostlondoner Gebiet entlang der Themse der wichtigste Umschlagplatz der Welt. Nach dem Zweiten Weltkrieg verlor er jedoch an Bedeutung. Seit den achtziger Jahren begann die Presse- und Finanzbranche, die Gegend wiederzubeleben.

Spiderman hatte kein Netz dabei. Da am 18. Oktober 2002 ein ständiger Nieselregen die Stahloberfläche des One Canada Square Wolkenkratzers rutschig machte, konnte sich die menschliche Spinne nur zum vierzigsten Stockwerk vorarbeiten. Ein kalter Wind fegte um das höchste Gebäude Großbritanniens. Dann kamen einige Polizisten in einem Fensterputzkorb herangeschwebt und verhafteten den agilen Kletterer in schwindelerregender Höhe.

Spiderman heißt mit bürgerlichem Namen Alain Robert und war zum zweiten Mal den One Canada Square-Wolkenkratzer hochgekrabbelt. Der Franzose ist dadurch berühmt geworden, dass er hohe Bauwerke wie den Eiffelturm und den Sears Tower ganz ohne Sicherung und Behelfsgeräte erklimmt. Hatten ihn die Polizisten 1995 bei seinem ersten Versuch auf ein »full English breakfast« eingeladen, so zeigten sie sich diesmal unversöhnlicher. Schließlich hätte Robert ja einen der 45 000 Büroangestellten im One Canada Square in Gefahr bringen können.

Der von César Pelli (*1926) entworfene Wolkenkratzer ist das Wahrzeichen des ultramodernen Büroviertels Canary Wharf. Das Personal ist gut beschäftigt und hat 3690 Fenster zu putzen. 32 Aufzüge befördern die Angestellten verschiedener Firmen, Finanzinstitutionen sowie der Zeitungen »Daily Mirror« und »Sunday Mirror« zu ihren Arbeitsplätzen. Die Flugzeugkontrollleuchte blinkt 40 Mal pro Minute, also 57 600 Mal am Tag.

Canary Wharf schoss in den achtziger Jahren aus dem Boden. Die damalige Premierministerin Margaret Thatcher hatte 1981 steuerliche Anreize geschaffen, um die brachliegenden Themsequais in Ostlondon neuzubeleben. Das Viertel sieht im 21. Jahrhundert wie die Zentren vieler amerikanischer Großstädte aus: Stahl, Glas und Beton dominieren das Bild. Wie in einem futuristischen Film zischt die Docklands Light Railway auf einer hohen Bahntrasse zwischen Bürogebäuden und Wohnhäusern vorbei. Unter der Woche hasten

1 Ein Stück Natur im Hightech Four Seasons Canary Wharf. **2** Das Lotus Chinese Floating Restaurant ist ganz in der Farbe des Glücks gehalten. **3** Das Museum in Docklands hat eine alte Hafenstraße nachkreiert. **4** Die gläserne Skyline von Canary Wharf im Dämmerlicht.

1

2

3

viele der 90 000 Büroangestellten der Bank of America, HSBC, Morgan Stanley und Lehmann Brothers aus der stachelrochenförmigen U-Bahn-Station, die von Norman Foster geplant wurde.
Nicht Spiderman, sondern Batman machte dem Viertel im Jahr 2004 die Ehre. Im Restaurant »Plateau« im vierten Stock des Canada Place-Hochhauses flirtete die berühmteste Fledermaus der Welt mit seiner Angebeteten. Hollywoodstars Christian Bale und Katie Holmes sorgten bei den Dreharbeiten für den »Batman Begins«-Film für allerhand Aufsehen.
In der Regel sitzen jedoch nicht Filmschauspieler, sondern graue, blaue und schwarze Anzüge auf den weißen Tulpensesseln von Eero Saarinen. Küchenchef Tim Tolley serviert erlesene Gerichte wie Gänseleber mit gegrillten Birnen, Seebrasse mit Spargelschaum, Kammmuscheln und in Gänsefett gebratene Kartoffeln sowie Chocolat fondant, eine warme Soufflétorte. Am Abend wird die Stimmung besonders romantisch. Besucher blicken dann auf das Lichtermeer rund um den Wolkenkratzer.
»Das ›Plateau‹ hat sich darauf spezialisiert, die Bedeutung von Luxus für das 21. Jahrhundert zu definieren«, erzählt Bertrand Pierson, der Manager des Nobellokals. In regelmäßigen Abständen veranstaltet er »Astrodinners«, bei denen Shelley von Strunckel, die Astrologin der britischen »Vogue«, erklärt, welche Speisen und Weine zu welchem Sternzeichen passen. Brautpaare, die eine Hochzeit im vornehmen Restaurant planen, werden mit einer Limousine zum Kaufhaus Harrods gebracht, wo sie mit Meisternase Roja Dove die Duftnoten für ihr Fest zusammenstellen. Dann erst werden die passenden Blumen und Kerzen für diese Aromen ausgesucht.
Luxuriös und auf seine Umwelt abgestimmt ist auch das »Four Seasons Canary Wharf«. Per Helikopter oder Themse-Schnellboot kommen die Gäste hier an. Dann treten sie durch ein sieben Stockwerke hohes Eingangsportal in die riesige Lobby ein. Die Kreativgruppe United Designers verwendete natürliche Materialien wie Holz, Leder und Stein für die Innenausstattung. Die dreistöckige, imposante Eingangshalle ist in vier symmetrisch angeordnete Bereiche unterteilt: Rezeption, Conciergerie, Bar und Gästetoiletten sind jeweils in der Form eines Würfels gestaltet.
Mächtige Säulen umgeben den Mittelpunkt des Hotels. Ganz in Cremeweiß gehalten und mit Reliefs verziert, erscheinen sie dem Betrachter ebenfalls wie Würfel. Die geometrischen Grundmotive

5

1 Das Museum in Docklands setzt sich kritisch mit Großbritanniens Rolle im Sklavenhandel auseinander. **2** Das Museum zeigt viele Fundstücke von alten Schiffen. **3** In der imposanten U-Bahn-Station von Canary Wharf wurden sogar schon Hochzeitsfeste gefeiert. **4** Das Dickens Inn am St. Katherine's Dock lag einst im Zentrum des Londoner Hafens. **5** Das Durchschnittsgehalt in der Wharf liegt bei 200 000 Euro.

ziehen sich wie ein roter Faden auf den edlen Stoffen, Teppichen und Lampenschirmen durch das Hotel. Auch die sieben Stockwerke hohe Fassade greift das kubistische Motiv auf: Jedes Fenster ist ein aus der Oberfläche herausspringender Würfel. Besucher, die sich auf die ins Nichts ragende Fensterbank setzen, fühlen sich so, als schwebten sie über den Straßen.

Die Gäste des Hotels können sich im 4000 Quadratmeter großen Spa- und Erholungszentrum im benachbarten Canary Riverside Health Club körperlich ertüchtigen. Das riesige Schwimmbecken ist in einem Glaskubus angesiedelt und überblickt den Fluss.
Das trendige Hotel bietet außerdem einen originellen Service an: In den frühen Morgenstunden veranstaltet es Touren zum Billingsham Fischmarkt, der zwischen den beiden Bürotürmen gelegen ist. Fisch aus aller Welt wird unter der Woche in diesen 5,2 Hektar großen Komplex eingeflogen oder per Schiff herantransportiert. 25 Tonnen Fisch kaufen Küchenchefs und Einzelhändler pro Jahr. Wer rauen Männern über die Schulter schauen will, sollte in der dortigen Cafeteria frühstücken. Fischhändler, Lkw-Fahrer und Lastenträger treffen sich hier auf ein schnelles Bier.
Canary Wharf ist jedoch nicht nur mit Business gleichzusetzen. In Sachen Kultur hat es mit dem Museum in Docklands aufzuwarten,

1 Der Millennium Dome wurde für die Feierlichkeiten zur Jahrtausendwende gebaut. **2** Das »Four Seasons« ist ideal für Geschäftsreisende. **3** Die alten Lagerhäuser wurden in Luxuswohnungen umgewandelt. **4** Die Erkerfenster in den Deluxe-Zimmern des Four Seasons Hotel schweben über der Themse.

das in einem der wenigen erhaltenen alten Lagerhäuser in Canary Wharf, dem West India Quay, untergebracht ist. Es erzählt die Geschichte der Themse von 43 vor Christus an, als die Römer in ihrer keltischen Kolonie zum ersten Mal mit Olivenöl und anderen Kostbarkeiten handelten. Das Museum stellt auch schauerliche Exponate wie eine Streitaxt der Wikinger und einen Hängekäfig aus, in dem Piraten ins Wasser getaucht wurden.

Wer sich an einem Originalschauplatz eine Gänsehaut holen will, sollte von Canary Wharf dreieinhalb Kilometer nach Westen spazieren. In Wapping befindet sich das Execution Dock. 400 Jahre lang wurden hier Piraten hingerichtet. Der Galgen stand direkt an der Themse, und der Leichnam wurde erst abgenommen, nachdem die Flut drei Tage lang über ihn geströmt war.

Gleich in der Nähe des Docks befindet sich das »Captain Kidd Pub«, das nach dem berühmten Freibeuterkapitän benannt wurde, der ebenfalls in Wapping sein Ende fand. Auf der Wapping Wall genannten Straße liegt die wohl beste Ansammlung an antiken Lagerhallen. Bei einigen von ihnen finden sich noch schmiedeei-

serne Ankerwinden und Flaschenzüge aus dem 19. Jahrhundert. Auf dieser Straße zieht das Wapping Project Besucher aus nah und fern an. Wie auch das Tate Modern ist das Gebäude ein ehemaliges Kraftwerk, in dem Galerie- und Restaurantbesucher zwischen Turbinen und Pumpen herumwandern.

Das St. Katherine's Dock, das heute Londons exklusive Marina beherbergt, wurde 1969 ganz neu gestaltet. Ein Spaziergang vorbei an den teuren Yachten kann jedoch Lust auf das weite Meer machen. Londons ungewöhnlichstes Hotel, das Sunborn Yacht Hotel am Royal Victoria Dock, befindet sich östlich von Canary Wharf bei der Docklands Light Railway-Station Prince Regent. Ein riesiges Kreuzfahrtschiff ohne nautisches Innenleben wurde in neun Tagen von Finnland übers Meer gezogen und zählt Gäste zu seinen Stammkunden, die sowohl Stadt wie auch Wasser genießen wollen. Auch Besucher des in der Nähe gelegenen ExCel-Ausstellungs- und Konferenzzentrums nächtigen hier gern.

Wer allerdings glaubt, in einer kleinen Kajüte schlafen zu müssen, irrt sich gewaltig. Die 102 Suiten sind im Durchschnitt 30 Quadratmeter groß und viele von ihnen verfügen über einen Balkon. Die Bar auf dem Oberdeck bietet einen atemberaubenden Ausblick auf Canary Wharf. Wenn der Fensterputzer die Glasflächen auf der Außenfassade des Schiffs reinigt, tut er das mit Abseilgeräten. Schließlich will nicht jeder Spiderman sein!

Canary Wharf & Docklands – Mini-Manhattan an der Themse

Sehen & Erleben
Museum in Docklands, Warehouse Nr. 1, West India Quay, Tel. 08 70-4 44 38 57, www.museumindocklands.org.uk (Dieses Museum in einem alten Lagerhaus verfolgt die Geschichte der Themse. Nette Restaurants und Bars gleich nebenan).
Wapping Project, Wapping Wall, Tel. 0 20-76 80 20 80, www.thewappingproject.com (Kunstgalerien und Restaurant in altem Wasserkraftwerk).

Übernachten
******Four Seasons Canary Wharf*, Westferry Circus 46, Tel. 0 20-75 10 19 99, Fax 0 20-75 10 19 98, www.fourseasons.com/canarywharf (kubistisch inspiriertes Luxushotel mit außergewöhnlicher Sportanlange).
*****Sunborn Yacht Hotel*, Royal Victoria Dock, Tel. 0 20-70 59 91 00, Fax 0 20-70 59 94 32, www.sunbornhotels.com, E-Mail: reservations.london@sunbornhotels.com (Hotel auf einem Kreuzfahrtschiff!) Docklands Light Railway-Station: Prince Regent.
*****The Britannia International Hotel*, Marsh Wall, Tel. 08 45-8 38 10 10, Fax 08 45-8 38 62 02, www.britanniahotels.com, E-Mail: res712@britanniahotels.com.

Essen & Trinken
Plateau, Canada Place (Gediegenes Restaurant, in das die Power-Broker sowohl zu Mittag wie auch nach getaner Arbeit gehen.)
Ubon by Nobu, Westferry Circus 34 (Roman Abramovich ließ sich von hier angeblich japanische Speisen nach Russland einfliegen.).
Beluga Café, Port East Warehouse (Fisch und Champagner).
La Tasca, Hertsmere Road, West India Quay (spanische Tapasbar).
Scu-zi Dockside, Hertsmere Road, West India Quay (italienisches Restaurant).
The Gaucho Grill, Westferry Circus (argentinisches Steakhaus).
Lime Bar & Restaurant, Regatta Point, Manilla St. (Inder mit modernem Design).
Amerigo Vespucci, Cabot Square 25 (familiärer Italiener).
Lotus Chinese Floating Restaurant, Limeharbour Road 38 (längstes schwimmendes Restaurant in London).
Sri Nam, Cabot Square 10 (thailändisches Restaurant unter der Führung von Starkoch Ken Ham).

Ausgehen
The Gun, Coldharbour 27 (In diesem Pub traf Lord Nelson angeblich Lady Hamilton.).
The Captain Kidd, Wapping High St. 108 (Pub mit herrlicher Aussicht auf das Flussufer, die Schiffe und Canary Wharf).

Shopping
Hackett London, Cabot Square 10 (exklusiver Herrenausstatter).

U-Bahn-Stationen
Canary Wharf, Wapping

1

2

3

4

Am Nullpunkt

Greenwich – Richtlinie für die Zeitmessung

Im südlichen Vorort an der Themse unterteilt der Nullmeridian die Erde in Osten und Westen. In den majestätischen barocken Bauwerken des eingemeindeten Städtchens erwartet den Besucher jede Menge Seefahrergeschichte.

Eigentlich ist alles Willkür. Aber faszinierend ist die Illusion dann doch. Wenn sich Besucher auf die rote Linie vor dem Royal Observatory stellen, können sie sich jedoch einbilden, dass sie sich genau auf dem Nullmeridian befinden, der den Nord- mit dem Südpol verbindet. Setzen sie ihre Beine links und rechts von der Linie auf, stehen sie mit einem Fuß in der Osthälfte und mit dem anderen in der Westhälfte des Planeten. 1884 legte die internationale Gemeinschaft fest, dass der Nullmeridian durch Greenwich fließen und das Maß für die Zeitmessung darstellen würde. Seit damals steht die »Greenwich Mean Time« synonym für die Weltzeit.

Das Royal Observatory ist Großbritanniens älteste wissenschaftliche Institution. Karl II. (1630–1685) ließ die hübsche barocke Sternwarte im Jahr 1675 errichten. John Flamsteed (1646–1719), der erste königliche Astronom, starrte jahrelang auf das nächtliche Firmament, um eine Methode zur Berechnung von Längengraden zu erstellen. 30 000 Beobachtungen später schuf er das erste moderne Fixsternverzeichnis. An genau festgelegten Längenmeridianen konnten sich Schiffe besser orientieren. Mithilfe dieses Netzes konnte sich das englische Imperium ungehindert ausbreiten. Flamsteeds Nachfolger Edmond Halley (1656–1742) ging durch die Vorhersage über die Wiederkehr eines nach ihm benannten Kometen in die Geschichte ein.

Täglich um 12 Uhr 58 klettert eine Zeitkugel auf einer Stange über dem Observatorium hoch. Seit 1833 können Schiffskapitäne auf der Themse ihre Uhren nach diesem Ball einstellen. Wenn er nach unten fällt, hat es genau ein Uhr nachmittags geschlagen. Das in der Sternwarte beheimatete Museum beeindruckt mit seiner Sammlung historischer Zeitmesser und astronomischer Instrumente. Ein H4 genannter Schiffschronometer mit temperaturresistenten metallischen Streifen des Uhrmachers John Harrison (1693–1776) ist hier ebenfalls ausgestellt. Diese bahnbrechende Erfindung war die erste nautische Uhr, um an Bord die genaue Zeit festzustellen.

1 Ein besonders schönes Exponat im Fächermuseum. **2** Die Uhr im Royal Observatory geht bestimmt richtig. **3** Früh übt sich, wer ein englischer Reiter sein will. **4** Vom königlichen Observatorium genoss Sir Edmond Halley den Blick auf das Royal Naval College.

1 Das Queen's House war lange Jahre Heim von Königin Henrietta. **2** Inigo Jones gestaltete im Queen's House eine eindrucksvolle Säulenhalle. **3** Die Könige konnten ihren Palast in Greenwich mit dem Schiff leicht erreichen. **4** König Karl II. beauftragte den Bau der Sternwarte.

Ein architektonisches Meisterwerk ist der achteckige Saal der Sternwarte. Er wurde von Christopher Wren (1632–1723) erbaut, Großbritanniens Paradearchitekt für barocke Prunkbauten. Wren war selbst Astronom und wusste daher, welche räumlichen Voraussetzungen für die Unterbringung eines riesigen Refraktorteleskops erfüllt werden mussten. Die Fenster des achteckigen Saals im ersten Stockwerk gestaltete er überdimensional hoch, damit die vor 300 Jahren gebräuchlichen Teleskope funktionsgerecht benutzt werden konnten. Eines davon thront auch heute noch in der Mitte des mit Walnussholz getäfelten Raumes.

2007 gesellte sich das hochtechnische Peter Harrison Planetarium zu den alten Gemäuern. Hier schießen die Himmelskörper digital über das Firmament. Das kegelförmige Dach neigt sich in einem Winkel von 51,5 Grad und zeigt somit genau auf den Nordstern. Von der Sternwarte aus genießt man einen herrlichen Blick über das National Maritime Museum für Schifffahrtsgeschichte bis zum Städtchen Greenwich und dem modernen Vorort Canary Wharf. Die Sehenswürdigkeiten sind alle in dem mit riesigen Kastanienbäumen bewachsenen Greenwich Park beheimatet. London-Besucher erholen sich in dieser weitläufigen Grünanlage vom regen Treiben der Weltstadt.

Schiffsmodelle und eine neunschwänzige Katze gehören zu den zwei Millionen Artefakten, die das National Maritime Museum wechselweise ausstellt. Die »Mona Lisa« des Museums ist die von einer Pistolenkugel durchlöcherte Jacke, die Admiral Horatio Nelson (1758–1805) bei der Schlacht von Trafalgar trug. Fotos vom Schiffsunglück der »Titanic« aus dem Jahr 1912 verdeutlichen die Angst und den Schrecken, die die Passagiere an Bord des Schnelldampfers erlebten. Für Kinder wurde ein eigener Bereich im Museum eingerichtet: Sie lernen, wie man mit einem Katamaran oder Paddeldampfschiff umgeht. Außerdem können sie Piraten à la »Fluch der Karibik« spielen, eine Kanone abfeuern und sich im Morse-Code üben.

Durch eine Kolonnade ist das National Maritime Museum mit dem Queen's House verbunden, ein Palast, der 1616 ursprünglich für Anna von Dänemark gebaut wurde. Der Palast war als Geschenk gedacht. König Jakob I. wollte sich bei seiner Gemahlin für einige unflätige Bemerkungen entschuldigen. Er hatte mit ihr gehadert, als sie einen seiner Lieblingshunde bei einer Jagd erschoss.

Inigo Jones (1573–1652) entwarf den Bau nach den von Andrea Palladio (1508–1580) aufgestellten Regeln der harmonischen Proportion. Das Queen's House ist somit das erste Renaissancegebäude in Großbritannien. Zur Zeit seiner Errichtung war es in die Schlossanlage des Palace of Placentia eingebettet, in der sowohl Heinrich VIII. als auch seine Töchter Maria I. und Elisabeth I. zur Welt kamen. Die Freitreppe war die erste ihrer Art in Großbritannien.

Das in der Nähe gelegene Royal Naval College wurde wie die Sternwarte von Christopher Wren und seinem Schüler Nicholas Hawksmoor (1661–1736) sowie John Vanbrugh (1664–1726) in einem majestätischen Barockstil erbaut. Es sollte ursprünglich als Palast dienen, wurde aber in ein Krankenhaus für Matrosen umgewandelt. Besonders bemerkenswert sind die Rokoko-Kapelle und ein Saal mit gigantischen allegorischen Deckengemälden.

In der Kapelle finden an jedem ersten Sonntag im Monat Gratis-Orgelkonzerte auf einem der am besten erhaltenen Barockinstrumente statt. Ein kleines Fürbittenbuch liegt im hinteren Kapellenbereich auf. Hier tragen Gläubige ihre Wünsche ein. Etwa dass sich Familienmitglieder von einer Krankheit erholen und Frieden in Palästina einkehrt. An den Deckenfresken in der »Painted Hall« arbeitete James Thornhill (1675–1734) 19 Jahre lang. Sie zeigen König Wilhelm III. und Königin Maria, die England gemeinsam

1 Auf der High Street reihen sich nette Läden aneinander. **2** Am Samstag ist in Greenwich Markttag. **3** Der Zigarettenkonzern Rothman's lässt sich einen historischen Werbegag einfallen. **4** An die Sternwarte ist auch ein kleines Café angeschlossen. **5** Nach dem roten Zeitball auf der Sternwarte richten sich die Themseschiffe ihre Uhr.

von 1689 bis 1702 regierten. Ihnen zu Füßen liegt ein geschlagener Ludwig XIV. mit gebrochenem Schwert.

Greenwich ist auch für die deutsche Geschichte von großer Bedeutung. Georg von Hannover landete 1714 hier am Themseufer, um den englischen Thron als Georg I. zu besteigen. 57 weitere Cousins hätten eigentlich einen größeren Anspruch als er gehabt. Ein »Five Foot Walk« genannter Gehweg erinnert heute noch daran, dass Georg I. hier zum ersten Mal britischen Boden betrat. Seine Nachfahren leben heutzutage im Buckingham Palast und den ihn umgebenden Residenzen.

Greenwich selbst ist ein schmuckes Städtchen. Aufgrund seiner symmetrischen Architektur wurde es von der UNESCO zum Weltkulturerbe erklärt. In seinen verwinkelten Kopfsteinpflastergässchen und auf seinem samstäglichen Gemüse- und Flohmarkt kommt eine richtige Dorfatmosphäre auf.

Kleine Läden bieten auch allerlei Gegenstände feil, die Matrosen gut gebrauchen können. Das Geschäft »Nauticalia« auf der Nelson Road verkauft Seemannsmützen aus schwerem Filz und Kapitänsjacken mit goldenen Knöpfen. Die Warwick Leadlay Galerie hat sich ganz der nautischen Kunst verschrieben. Sie handelt mit Drucken von Hafenszenen und Memorabilien, die an Admiral Nelson erinnern.

Außerdem befindet sich eines der zwei Fächermuseen auf der Welt in einem 200 Jahre alten Haus im Zentrum von Greenwich. 3000

Exemplare aus zehn Jahrhunderten werden hier ausgestellt. Das Prunkstück ist wohl der Gauguin-Fächer aus dem Jahr 1888. Er zeigt eine Landschaft auf Martinique und diente den Impressionisten als Inspiration.

Im »Mitre Pub« auf der Greenwich High Road ruhten sich vor 300 Jahren Reisende aus, die mit der Postkutsche über lange, holprige Straßen gerollt waren. Heute stehen im Obergeschoss des hübschen Pubs 16 einfache, jedoch komfortable Zimmer zur Verfügung. Am Abend mischen sich die Gäste gern unter die Stammkundschaft aus der örtlichen Umgebung. Auf den gemütlichen Lederbänken kommt es dann bei einem Pint Cider zu einem netten Tratsch. Wer vom Ausland im eigenen Auto anreist, kann dieses gratis auf dem Parkplatz abstellen.

Hinter einer viktorianischen Fassade neben der Universität von Greenwich befindet sich das »Devonport House«. Alle 94 Zimmer des Viersternehotels sind modern eingerichtet und verfügen über einen Internetanschluss.

Das Clarendon Hotel ist eines der größten in der Gegend. Es ist im malerischen Dorf Blackheath gleich neben Greenwich gelegen, in dem viele wohlhabende Menschen wohnen, die mit dem DLR-Zug in die Londoner City zur Arbeit fahren. Von dieser Schnellbahn aus genießt man auch den besten Blick auf Englands Barockjuwel.

Greenwich – den Sternen so nah

Sehen & Erleben
Royal Observatory & Peter Harrison Planetarium, Greenwich Park, Tel. 0 20-83 12 85 65, www.rog.nmm.ac.uk (barocke Sternwarte am Nullmeridian).
National Maritime Museum, Romney Road, Tel. 0 20-83 12 65 65, www.nmm.ac.uk (mit zwei Millionen Exponaten das größte Museum für Seefahrtsgeschichte).
Old Royal Naval College, King William Walk, Tel. 0 20-82 69 47 47, www.greenwichfoundation.org.uk (interessant ist die Rokoko-Kapelle mit barocken Fresken).
Queen's House, Romney Road, Tel. 0 20-83 12 65 65, www.nmm.ac.uk (erster Renaissancebau Großbritanniens).
Fan Museum, Crooms Hill 12, Tel. 0 20-83 05 14 41, www.fan-museum.org (eines der zwei Fächermuseen weltweit).

5

Übernachten
*****Devonport House*, King William Walk, Tel: 08 70-6 09 11 43, Fax: 0 20-82 69 54 01, www.devere.co.uk/venues/Devonport-House (modernes Hotel im viktorianischen Kleid mitten im Stadtzentrum).
*****Clarendon Hotel* Montpelier Row, Blackheath Village, Tel. 0 20-83 18 43 21, Fax 0 20-83 18 43 78, www.clarendonhotel.com, E-Mail: relax@clarendonhotel.com (großes Hotel im charmanten Nachbardorf).
****The Mitre*, Greenwich High Road 291, Tel. 0 20-82 93 00 37, Fax 0 20-83 55 67 61, www.mitregreenwich.com, E-Mail: enquiries@mitregreenwich.com (gemütliches Pub-Hotel).

Essen & Trinken
Inside, Greenwich South St. 19, Tel. 0 20-82 65 50 60 (das beste Restaurant in Greenwich).
Beachcomber Seafood Restaurant, Greenwich Church St. 34, Tel. 0 20-88 53 00 55 (nettes Fischrestaurant).

Ausgehen
Bar du Musée, Nelson Road 17.
Trafalgar Tavern, Park Row (uraltes Pub).

Shopping
Nauticalia, Nelson Road 25 (das führende Geschäft für Marinefans).
Warwick Leadlay Gallery, Nelson Road 5 (Seefahrtsdrucke und Nelson-Memorabilien).

Schifffahrtsdienste
Thames River Services, Tel. 0 20-79 30 40 97, www.westminsterpier.co.uk.
London Transport Information, Tel. 0 20-79 18 30 15, www.tfl.gov.uk.

U-Bahn-Stationen
Cutty Sark, Greenwich

Im Juni weht Lavendelduft in Kew Gardens.

Der Süden

1

2

3

4

Ein Hauch von Karibik

Brixton – »Jammin'« wie in Jamaika

Rotorange Mangos, sonnengelbe Ananas und giftgrüne Chilis verbreiten im bunten Immigrantenviertel ihren süßscharfen Duft. Auch in Sachen Kunst wartet Brixton mit einem gut gewürzten Programm auf.

Was Harlem für New York ist, ist Brixton für London. Nach dem Zweiten Weltkrieg wurde das Südlondoner Viertel zum Großteil von afrobritischen Commonwealth-Bürgern aus der Karibik, vornehmlich aus Jamaika, bevölkert. Sie alle waren zur Verstärkung des Arbeitsmarkts ins Land geladen worden. In den siebziger und achtziger Jahren litt Brixton jedoch schwer unter der Wirtschaftskrise. Immer wieder lieferten sich seine Bewohner mit der Polizei harte Straßenschlachten. Der Drogenhandel florierte.

Im 21. Jahrhundert hat sich die Lage allerdings verbessert. Der viktorianische Häuserbestand ist unter einkommensstärkeren Stadtbewohnern heiß begehrt. Nach und nach wurde die Gegend umgestaltet und aufgewertet. Auf einem Spaziergang durch die ruhigeren Straßen abseits des Brixton Oval, des Hauptplatzes des Viertels, kommt man an alten, wunderschönen Reihenhäusern vorbei, bei denen eine große, grün-gelb-schwarze Fahne Jamaikas im Fenster hängt und Bob Marley lautstark »Jammin'« aus dem I-Pod singt. Gleich daneben pflegt eine weiße Familie auf ihrem Dachgarten ungewöhnliche tropische Pflanzen, vom Design-Floristen ins Haus geliefert.

»Kostet meine frischen Guaven. Gerade eben aus Trinidad eingeflogen. *Juicy, juicy, juicy!*«, preist eine Marktfrau mit breitem Lächeln und noch breiteren Hüften ihre Ware an. Auf dem Brixton Market verkauft die Lady in dem bunt getupften Kleid eine ganze Reihe von exotischen Früchten von der Heimatinsel ihrer Großeltern. Sie nimmt eine grüne Guave von der kunstvoll gestapelten Obstpyramide und schneidet sie in der Mitte durch. Das zartrosa Fruchtfleisch mit seinen kleinen Kernen verbreitet einen köstlichen Duft um die Marktbude, der Erinnerungen an Palmenstrand und Sonnenurlaub wachruft. Ein bärtiger Mann mit einer Kippa auf dem Kopf probiert ein Stück. Zwei Pfund der saftigen Früchte für zwei Pfund wandern dann schnell in seine Einkaufstasche. Für das Abendessen am nächsten Sabbat sind die exotischen Guaven genau das richtige Dessert. Der Brixton Market ist ein wahrer

1 Im Musikclub Plan B ist die Stimmung jeden Abend ausgelassen. **2** Yuca und rote Chilischoten geben jedem Essen den gewissen Pfiff. **3** Soul, Funk und Hip-Hop stehen in Plan B auf dem Programm. **4** Verlässt man einmal die U-Bahn-Station von Brixton, betritt man eine andere Welt.

1 Ob die Bananen auch wirklich frisch sind? **2** Einwanderer aus der ganzen Welt gehen gern auf dem Markt von Brixton einkaufen. **3** Auf dem Markt werden auch flotte Klamotten angeboten.

Schmelztiegel der Nationen. Ein bisschen weiter ab vom Schuss verkaufen chinesische und vietnamesische Händler billige Haushaltswaren.

Der Brixton Market ist gleich neben der U-Bahn-Station Brixton gelegen. Er befindet sich auf der Electric Avenue, der ersten Einkaufsstraße Großbritanniens, die im Jahr 1888 von elektrischen Straßenlampen beleuchtet wurde. Aus einem etwas angeschlagenen BWM-Coupé tönt lautstark Rap-Musik. Im Auto nickt ein muskulöser junger Mann mit goldenem Schneidezahn und Dreadlocks seinen Kopf im Rhythmus. Rap, Hip-Hop, Raaga, Bhangra, Rai und andere Weltmusikgenres machten in den letzten zehn Jahren dem Reggae seinen Platz als »Sound of Brixton« streitig.

»*Raise your hands for Jesus*«, »Streckt für Jesus eure Hände in die Höhe«, lautet die ungewöhnliche Devise in der Carling Brixton Academy, einem Art-déco-Konzertsaal aus dem Jahr 1929. Um das Gebäude stellt sich eine ganze Reihe von Jugendlichen für ein Gratiskonzert von XLP an. XLP ist eine wohltätige christliche Organisation, deren Straßenpastoren mit Jugendlichen arbeiten. In Veranstaltungen wie dem »Soul in the City«-Konzert binden sie Jugendgruppen aus verschiedenen Londoner Schulen als Interpreten mit ein. Die Geistlichen wollen Teenager für Kunst, Literatur und Musik begeistern und sie so »auf den richtigen Weg bringen«. Ob sie in die Kirche gehen, wird ihnen freigestellt.

Auf der noch originalen, aus den zwanziger Jahren erhaltenen Bühne rappt ein Junge mit Baseballmütze und viel zu großer Hose. Sein Text ist schwer zu verstehen, aber wenn er auf seinen Pastor gehört hat, dann nimmt er keine Schimpfwörter in den Mund, und auch keine frauenfeindlichen Zeilen sind zu hören. Die versammelte Fangemeinde ist auf jeden Fall begeistert und schüttelt sich

auf dem von Coca Cola klebrigen Tanzboden heftig im Takt. Die Carling Brixton Academy ist ein wichtiger kultureller Ort der Stadt. Anerkannte Musiker wie Erykah Badu und »Jurassic 5« treten hier ebenfalls auf.

In jüngster Zeit schießen in Brixton szenige Lokale und Restaurants wie Pilze aus dem Boden. Im Hauptschiff und der Krypta der St. Matthew's Church im Zentrum von Brixton haben sich »Bug« und »Babalou« angesiedelt, zwei Restaurants in sakralem Rahmen mit vegetarischer beziehungsweise marokkanischer Speisekarte. All jene, die auf ein kulinarisches Abenteuer aus sind, setzen sich einfach in eines der vielen eher unscheinbaren karibischen und afrikanischen Lokale auf der Coldharbour Lane und probieren sich durch die Speisekarte. Im kleinen Lokal »Blessed West Indian« spülen die Gäste das würzige jamaikanische Hühnergericht »jerk chicken« mit einem selbstgebrauten Ingwerbier hinunter. Nur auf der Heimatinsel schmeckt es vielleicht noch eine Spur besser …

Brixton – »Jammin'« wie in Jamaika

Sehen & Erleben
Brixton Market, Electric Avenue and Pope's Road (Mo, Di, Do, Sa 8–18 Uhr, Mi 8–15 Uhr).
Ritzy Cinema Brixton Oval, Coldharbour Lane, Tel. 0 20-77 33 22 29, www.picturehouses.co.uk (Londons ältestes unabhängiges Kino. Am Samstag zwischen 11 und 17 Uhr findet hier die Ritzy Art Fayre statt. Kunsthandwerker und Künstler verkaufen auf diesem Markt ihre ungewöhnlichen Werke.)

Essen & Trinken
Blessed West Indian, Coldharbour Lane 203, Tel. 0 20-72 74 41 10 (Lokal mit jamaikanischen Spezialitäten).
Olley's Fish Experience, Norwood Road 67–69, Tel. 0 20-86 71 8259 (Fish & Chips von Weltklasse – das Geheimrezept von Besitzer Harry Niazi lautet: den Backteig vor Verwendung lange kalt stellen.)
Bug & Babalou, St. Matthew's Church, Brixton Hill, Tel. 0 20-77 38 33 66 (Zwei Restaurants in einer aufgelassenen Kirche, eines vegetarisch, das andere marokkanisch.)
Neon, Atlantic Road 71, Tel. 0 20-77 38 65 76, (Brixtons beliebteste Pizzeria).
Hive, Brixton Station Road 11–13, Tel. 0 20-72 74 83 83 (Treffpunkt der angesagtesten Yuppies von Brixton).

3

Ausgehen
Carling Brixton Academy, Stockwell Road 211, Tel. 0 20-77 71 20 00 (Konzerthalle aus dem Jahr 1929. Mekka der Hip-Hop-Szene.)
Brixton Windmill, Blenheim Gardens 22, Tel. 0 20-86 71 07 00 (Für junge Künstler. Pub steht neben einer echten Windmühle von 1816.)
Dogstar, Coldharbour Lane 389, Tel. 0 20-77 33 75 15 (Hip-Hop, Funk und Soul-Institution).
Plan B, Brixton Road 418, Tel. 0 20-77 33 09 26 (trendiger Club der jüngeren Generation).
White Horse, Brixton Hill 94, Tel. 0 20-86 78 66 66 (Brixtons ältestes Pub in einem Gebäude aus dem 18. Jh. Am Wochenende wird hier bis 3 Uhr früh getanzt.)
The Fridge, Town Hall Parade 1, Tel. 20-73 26 51 00 (Spektakulärer Club für Hard House und Psy Trance Musik. Imposantes visuelles Ambiente: Auf Dutzenden Monitoren werden pro Nacht Tausende Bilder projiziert).

Shopping
Brixton Village (Eisenbahnarkaden auf der Atlantic Road, karibische Delikatessengeschäfte, Haushaltswaren).
HQ, Brixton Village 88, Coldharbour Lane, Tel. 0 20-72 74 46 64 (Musikgeschäft, spezialisiert auf Hip-Hop).

U-Bahn-Station
Brixton

2

3

4

Freie Sicht bis zum Eiffelturm!

South Bank – alles dreht sich um das »London Eye«

Das Riesenrad bietet einen fulminanten Rundblick auf alle wichtigen Wahrzeichen der Stadt. Manche Besucher glauben sogar, bis nach Paris sehen zu können!

Langsam erhebt sich das gläserne Ei in die Luft. Die blaue Stunde ist angebrochen. Kurz bevor die Sonne am Horizont verschwindet, sind Houses of Parliament, St. Paul's Cathedral und der Privatgarten der Queen im Buckingham Palace in ein Licht getaucht, dessen Spektrum von Rot über Violett bis zu Indigo reicht. »Dad, was ist das da für ein Turm in der Ferne?«, fragt ein sommersprossiges Mädchen aus Tennessee ihren Vater in der Glaskabine des »London Eye«. »Keine Ahnung«, erwidert der amerikanische Papa. »Hat die Frau an der Kasse nicht gesagt, dass wir bei diesem Wetter ganz weit sehen können?«, will daraufhin das Mädchen wissen. »Dann muss es der Eiffelturm sein!«

Echte Londoner wollen solche Unterhaltungen gehört haben, als sie eine Runde auf dem »London Eye« drehten. Ein ganz normaler Fernsehmast bei Crystal Palace mutierte auf diese Weise plötzlich zum Pariser Wahrzeichen. Ob die Geschichte der Wahrheit entspricht oder die Engländer sich mit ihren amerikanischen Cousins einen Spaß erlauben, bleibt dahingestellt.

Tatsache ist, dass die Bewohner der Stadt ihre Antwort auf Gustave Eiffels technisches Meisterwerk nicht nur den Touristen überlassen, sondern es auch selbst besteigen. Bei gutem Wetter kann man den Blick zwar nicht bis zur Seine-Metropole, allerdings immerhin bis zum 40 Kilometer entfernten Königspalast in Windsor schweifen lassen. Das »London Eye« wurde anlässlich der Feiern zur Jahrtausendwende eröffnet und war mit 135 Metern bis 2006 das größte Riesenrad der Welt. Dann lief ihm der »Star von Nanchang« in China den Rang ab.

Das Riesenrad ist im Bezirk South Bank auf dem südlichen Themseufer gelegen. Das stark zerbombte Industrieviertel wurde 1951 beim »Festival of Britain« zum ersten Mal für kulturelle Zwecke genutzt. Damals sollte die Eröffnung des Konzertgebäudes, der Royal Festival Hall, und die damit einhergehenden Feierlichkeiten ein Zeichen setzen, dass Großbritannien den Zweiten Weltkrieg gut überstanden hatte.

1 Wie ist King Kong von New York nach London gekommen? **2** Neonbaum beim Londoner Rathaus. **3** In einem Glasei hoch über den Dächern der Stadt. **4** Das »London Eye« sollte anfangs nur auf befristete Zeit betrieben werden. Jetzt ist es eine bleibende Einrichtung der Stadt.

1 Im Riesenrad fühlt man sich wie ein Zwerg. **2** Das Tate Modern Museum ist in einem alten Elektrizitätswerk untergebracht. **3** Ob man in der modernen Skulptur im Tate Modern Museum runter rutschen kann? **4** Alle permanenten Ausstellungen kann man gratis bewundern.

In den siebziger Jahren wurde das National Theatre eingeweiht, ein Betonklotz, in dem hervorragende schauspielerische Leistungen erbracht werden. Unter Margaret Thatchers Ägide wurde eine vollkommene Revitalisierung des Areals geplant. Das Globe Theatre, eine originalgetreue Nachempfindung von Shakespeares Schauspielhaus, eröffnete 1997. Im Jahr 2000 ging es dann Schlag auf Schlag: In ein ehemaliges Elektrizitätswerk zog das Tate Modern ein. Die »Millennium Bridge« und das »London Eye« waren weitere neue Attraktionen, die Besucher zu Londons »rive gauche« locken sollten. Außerdem wurde die County Hall, das ehemalige Stadtratsgebäude, umgewandelt. Hier wurden das »London Aquarium«, ein dem katalanischen Künstler Salvador Dalí gewidmetes »Universum«, sowie Hotels, Restaurants und Kunstgalerien untergebracht.

Hinter dem Bahnhof von Waterloo steht ein Andenken an eine Zeit, als Kultur in den South Bank-Gefilden noch klein geschrieben wurde. Das Old Vic Theatre wurde zwar bereits 1818 gegründet, aber aufgrund seiner Lage anfangs nur vom »Pöbel« besucht. »In meinem ganzen Leben bin ich noch nie vor so vollkommen ungebildeten Rohlingen aufgetreten«, schrie der großartige Shakespeare-Darsteller Edmund Kean 1831 ins Publikum. Das Blatt sollte sich jedoch zum Besseren wenden: Im Lauf des 20. Jahrhunderts gehörten legendäre Mimen wie Laurence Olivier, John Gielgud und Anthony Hopkins zum Ensemble. Judi Dench brachte als scheintote Julia hier im Jahr 1960 die Zuschauer zum Weinen. 2004 übernahm der amerikanische Oscar-Preisträger Kevin Spacey das »Old Vic«. Er tritt in zwei der acht Jahresproduktionen auf und führt daneben auch Regie.

Sam Wanamaker (1919–1993), ebenfalls ein amerikanischer Schauspieler, war infolge von John McCarthys antikommunistischer Hetzjagd in den fünfziger Jahren nach Großbritannien übersiedelt. Er hegte jahrelang den Traum, das Globe Theatre wieder auferstehen

3

4

zu lassen. Shakespeares Bühne war im Jahr 1599 neben Freudenhäusern und Trinkstuben am sündigen Südufer der Themse errichtet worden. Aufgrund eines misslungenen Kanonenschusses brannte es während einer Vorstellung im Jahr 1613 ab.

Seit 1997 träufelt Puck in Shakespeares »Sommernachtstraum« dem starrköpfigen Demetrius ein Liebeselixir ins Auge, Hamlet sinniert mit einem Totenkopf in der Hand vor sich hin und Cleopatra lässt sich von einer Viper in den drallen Busen beißen. Das alles geschieht ohne Bühnenlicht oder Mikrofone. 200 Jahre lang hatten Forscher Gestalt und Aufbau des Theaters zu rekonstruieren versucht. Ihre Bemühungen hatten schließlich Erfolg.

Mit seinem strohbedeckten Dach, seinen Fachwerkbalken und seinen korinthischen Säulen sieht das Globe Theatre so aus, als habe es eine Zeitreise vom 16. ins 21. Jahrhundert angetreten. Wie im elisabethanischen Zeitalter ist der gesamte Parkettraum dem Stehpublikum vorbehalten. Wenn ein kecker Schauspieler einen Eimer voll Wasser durch die Gegend schleudert, bekommen es die Zuschauer auf den billigen Plätzen hautnah zu spüren. Ist Petrus oben im Himmel schlechter Laune, dann tropft ihnen das kühle Nass auch von dort auf den Kopf. Den Zuschauern auf den teureren Rängen geht es da schon besser. Sie sitzen unter einem Dach. Die Imbisse sind stilecht wie vor 400 Jahren: Das Publikum kaut an Haselnüssen in Papiertüten und bewundert das Treiben auf der Bühne. Eine schroffe Kartenverkäuferin mit deutschem Akzent stellt einstweilen sicher, dass keiner der Stehplatzbesucher sich auch nur eine Minute auf dem Fußboden ausruht. Forsch fordert sie die Sitzenden auf, sofort wieder auf die Beine zu kommen.

Wer sich nicht von Mai bis September in London aufhält und somit nicht in den Genuss einer Vorstellung kommt, kann einen guten Eindruck von Shakespeares Zeit im Kellermuseum erleben. Hier wird eindrucksvoll vermittelt, wie die aufwendigen Kostüme geschneidert werden. Junge Schauspieler liefern sich vor begeisterten Zuschauern ein wildes Gefecht. Was ein echter Shakespeare-Mime ist, muss schon einiges können.

Gleich neben dem Globe Theatre steht das monumentale Tate Modern, das bis 1982 ein tristes Dasein als ein verschmutztes Elek-

trizitätswerk fristete. Das Schweizer Architektenteam Herzog & de Meuron verwandelte es 2000 in eines der imposantesten Museen moderner Kunst. Ein »Wow«-Erlebnis erwartet den Besucher gleich beim Betreten der 3400 Quadratmeter großen, lichtdurchfluteten Turbinenhalle. Die Augen fahren sofort zu den fünf Stockwerken hoch, in denen die Galerien beheimatet sind. »Es kommt mir so vor, als sei ich gestorben und in den Kunsthimmel aufgefahren«, bemerkte ein Kritiker bei der Eröffnung des Tate Modern. Im Vergleich zum halsabschneiderischen MOMA in New York kann die weitläufige Sammlung des Tate Modern gratis bewundert werden. Die Kunstwerke in den Schauräumen sind nicht chronologisch, sondern intelligent um vier Schwerpunkte gruppiert: Surrealismus, Minimalismus, abstrakte und figürliche Innovationen der Nachkriegszeit und die drei Strömungen Kubismus, Futurismus und Vortizismus, die hier zusammengefasst sind. Werke, die diese Kunstrichtungen vorwegnahmen, herausforderten oder auf sie reagierten, stellen ebenfalls einen Bezug zu den Schwerpunkten

1 Das Royal National Theatre könnte ein wenig Farbe vertragen. **2** Die Millennium-Brücke schwankte bei ihrer Eröffnung. Jetzt ist sie stabil. **3** »Love Eat Live« ist das positive Motto des Restaurants in der Royal Festival Hall.

her und sind dort zu finden. Dadurch werden der Dialog und die Reibungen sichtbar, die zwischen den Künstlern bestehen.
Besucher lernen zu verstehen, wie Claude Monets späte Wasserlilienmalereien aus dem Jahr 1916 abstrakte Expressionisten wie Jackson Pollock und Mark Rothko zu ihren Stimmungsbildern inspirierten. Es wird der Zusammenhang zwischen Joseph Beuys und Cy Twombly klar sowie ihre Bezugnahme auf europäische Mythen. Im siebenten Stockwerk befindet sich ein Museumsrestaurant. Auf seiner Terrasse genießt man einen herrlichen Rundblick auf die Wahrzeichen der Stadt. Wer im »London Eye« einen Drehwurm bekommt, kann hierher ausweichen.
Eine weitere Möglichkeit, London aus der Luft zu betrachten, stellt der achte Stock des Oxo Towers dar. Das Edelkaufhaus »Harvey Nichols« hat hier ein Restaurant und eine Brasserie eröffnet. Wenn betuchte Londoner Singles am Samstagvormittag nichts Besseres zu tun haben, treffen sie sich zum Jazz-Brunch und lernen von Bar-Manager Ian Goodman, wie man einen Bloody Mary richtig mixt.
Der Oxo Tower ist ein Hochhaus aus den dreißiger Jahren, der 1996 in mehrere Ateliers für junge Mode-, Accessoire- und Möbeldesigner umgewandelt wurde. Ihre Werke sind in Studios im ersten und zweiten Stock zu bewundern.
Die South Bank erreicht man von der rechten Themseseite über die »Millennium«-Hängebrücke. Als 90 000 Fußgänger bei ihrer Eröffnung über das anscheinend filigrane Meisterwerk trabten, begann es zu vibrieren. Alle technischen Pannen sind jetzt jedoch vollkommen beseitigt, und der Spaziergang über die Brücke ist einer der schönsten Eindrücke von ganz London.
Millionen von Besuchern promenieren auch auf dem Fußpfad, der sich kilometerweit entlang des Flussufers erstreckt. Die Themse ist die ursprüngliche Lebensader Londons, ohne die es die Stadt nicht gäbe. An ihren Ufern wuchsen zuerst eine keltische und dann eine römische Siedlung heran. Vor »Gabriel's Wharf«, einer netten Ansammlung von Restaurants, Cafés und Kunsthandwerksläden, liegt ein kleiner Sandstrand.

Von hier aus macht sich ab und an eine Gruppe des »Thames Explorer Trust« in Gummistiefeln auf, um nach Strandgut zu suchen. Die Schatzjagd am Fluss bringt bei niedrigem Tidenstand oft sehr interessante Fundstücke aus Londons langer Geschichte ans Licht: 3000 Jahre alte Zähne von Auerochsen, einen römischen Dachziegel mit eingebranntem Fingerabdruck, eine Flasche aus dem 17. Jahrhundert mit einem Karikaturgesicht. Etwa sechs Zentimeter tief darf man in den Sand hineinbuddeln. Sieht etwas historisch wertvoll aus, muss es beim Museum of London abgegeben werden.

Etwas weiter von der Themse entfernt befindet sich das Imperial War Museum, das die humanen und sozialen Auswirkungen von Konflikten beleuchtet, nämlich: Krieg ist Wahnsinn. Das Kriegsmuseum hat in der ehemaligen Nervenheilanstalt von Bedlam ein passendes Zuhause gefunden. Hier war Charlie Chaplins Mutter jahrelang Patientin. Neben Unterseebooten, Panzern und Raketen geht das Museum auch auf die Erfahrung von Kindern während des Zweiten Weltkriegs ein. Im Esszimmer eines perfekt nachgebildeten zweistöckigen Reihenhauses aus den vierziger Jahren steht ein Morrison-Bunker. Diese Stahlkonstruktion diente sowohl als Tisch wie auch als Schlupfwinkel vor Bombenangriffen. James-Bond-Fans

1 Vollkommen schräg ist das neue Rathaus von London. **2** Die Cantina del Ponte liegt direkt am Flussufer. Für die Aussicht müssen Gäste nicht einmal übermäßig bezahlen. **3** Transparentes Bürogebäude am Queen's Walk. **4** Das Designmuseum färbt auf die umliegenden Restaurants ab. **5** Im George Inn wechselten die Postkutschen einst ihre Pferde aus.

kommen in der Ausstellung über den heimlichen Krieg ebenfalls auf ihre Rechnung: Da sieht man explodierende Kugelschreiber, unsichtbare Tinte, Stolperdrähte und winzige Spionagekameras.

Noch ist die South Bank mit wenigen Boutique-Hotels bestückt. Nicht unweit vom Imperial War Museum an der Flussstraße Albert Embankment liegt das »Plaza on the River«. Es ist für Familien und Langzeitgäste eingerichtet. Alle Zimmer im Vier-Sterne-Haus sind geräumige Suiten. Viele Geschäftsleute geben dem »Plaza« den Vorzug, da multinationale Firmen wie Shell, Ernst & Young und PriceWaterhouseCoopers nicht unweit vom Hotel gelegen sind.

Das »Anchor Inn« befindet sich gleich in der Nähe des Globe Theatre. Von diesem Pub aus beobachtete der Stadtchronist Samuel Pepys im Jahr 1666 den Großen Brand von London. Das Pub selbst besteht aus mehreren verwinkelten Räumen, an die über drei Jahrhunderte immer wieder angebaut wurde. Die Holzvertäfelung im »Shakespeare Room« ist noch original aus dem 18. Jahrhundert erhalten. Auf der Terrasse dieses Gastropubs genehmigte sich Tom Cruise mit Ving Rhames im ersten Teil von »Mission Impossible« ein Bierchen. Vielleicht inspirierte ihn diese Location ja, und er schwingt sich in der nächsten Folge des Action-Thrillers vom »London Eye«?

South Bank – Londons »rive gauche«

Sehen & Erleben

Tate Modern, Bankside, Tel. 0 20-78 87 88 88, www.tate.org.uk (Großbritanniens phantastisches Museum moderner Kunst).
British Airways London Eye, Westminster Bridge Road, Tel. 08 70-9 90 88 83, www.ba-londoneye.com (herrlicher Ausblick vom 135 Meter hohen Riesenrad).
Dalí Universe, County Hall Gallery, Riverside Building, Tel. 0 20-76 20 27 20, www.daliuniverse.com (ein dem katalanischen Surrealisten gewidmetes Museum).
Imperial War Museum, Lambeth Road, Tel. 0 20-74 16 53 20, www.iwm.org.uk (Militärmuseum, das die sozialen Folgen des Krieges beleuchtet.)
Shakespeare's Globe, New Globe Walk 21, Tel. 0 20-79 02 14 00, www.shakespeares-globe.org (Rekonstruktion des berühmten Theaters von 1599).
Old Vic Theatre, The Cut, Tel. 08 70-0 60 66 28, www.oldvictheatre.com (unter der Leitung von Kevin Spacey).
Royal National Theatre, South Bank, Tel. 0 20-74 52 30 00, www.nationaltheatre.org.uk.

6

Übernachten

*****Plaza on the River*, Albert Embankment 18, Tel. 0 20-77 69 25 25, Fax 0 20-77 69 25 24, www.plazaontheriver.co.uk, E-Mail: guestrelations@plazaontheriver.co.uk (komfortables Suitenhotel).
****Mad Hatter Hotel*, Stamford Street 3–7, Tel. 0 20-74 01 92 22, Fax 0 20-74 01 71 11, www.fullershotel.com, E-mail: mad.hatter@fullers.co.uk (Hotel der Fullers-Pubkette gleich hinter dem Tate Modern).
****Southwark Rose Hotel*, Southwark Bridge Road 47, Tel. 0 20-70 15 14 80, www.southwarkrosehotellondon.co.uk, E-Mail: info@southwarkrosehotel.co.uk (modernes Hotel im Herzen von Southwark, eine U-Bahn-Station von der Londoner City entfernt).

Essen & Trinken

Oxo Tower Restaurant, Barge House St., Tel. 0 20-78 03 38 88 (schöne Aussicht vom 8. Stock eines Art-déco-Hochhauses).
Anchor & Hope, The Cut 36, Tel. 0 20-79 28 98 98 (viel gepriesenes Gastropub).
Baltic, Blackfriars Road 74, Tel. 0 20-79 28 11 11 (gestyltes osteuropäisches Restaurant mit 35 Wodkasorten).
Tas Pide New Globe Walk 20–22, Tel. 0 20-79 28 33 00 (das schönste Restaurant in der populären türkischen Kette).
Laughing Gravy, Blackfriars Road 154, Tel. 0 20-77 21 70 55 (ausgefallene Fleischspezialitäten wie Straußensteak und Wildschwein).
Méson Don Felipe, The Cut 53, Tel. 0 20-79 28 32 37 (nette Tapas-Bar in der Nähe des Old Vic Theatre).
The Table, Southwark St. 85, Tel. 0 20-74 01 27 60 (Londons Top-Architekturbüro Allies and Morrison eröffnete hier einen Lunch-Spot. Herrliche Salate und Quiches!)

U-Bahn-Stationen

Waterloo, Southwark

1

2

3

4

Salami, Sardellen und Schimmelkäse

Borough Market – die Speisekammer Londons

Seit 1014 gibt es an der Südseite der Themse einen der interessantesten Märkte Londons. Ende des 20. Jahrhunderts fiel er fast einer neuen Zuglinie zum Opfer. Dann retteten ihn die Biobauern und regten eine Renaissance des ganzen Bezirks an.

Rußschwarz wie in einem Dickens-Roman stehen die Backsteinwände da. Auf einem überirdischen U-Bahngleis rattert ein Waggon lautstark dahin und bringt das fein verzierte Dachgerüst aus Gusseisen und Glas fast zum Wanken. Durch die Lüfte ziehen köstliche Düfte – von frisch gemahlenem Kaffee, Waldbeeren und Zartbitterschokolade.

Der Borough Market ist seit 1014 als Londons Speisekammer bekannt. Viele Jahrhunderte lang verkauften Händler am Südufer der Themse Gemüse und Obst aus Südengland, dem »Garten« des Königreichs. Mitte der neunziger Jahre versuchten dann jedoch die Stadtplaner, dieser traditionsreichen Institution den Garaus zu bereiten und an ihrer Stelle zusätzlich zur U-Bahn noch ein Bahngleis durchzuziehen. Sie hatten aber nicht mit den Stadtbewahrern gerechnet, die gegen den Abriss einer der letzten ursprünglichen viktorianischen Markthallen demonstrierten.

1998 veranstaltete Gourmetautorin Henrietta Green auf dem Borough Market schließlich die erste »Food Lovers Fair«, eine Messe für Produkte von Klein- und Biobauern. 20000 verunsicherte Menschen kamen, um in den Zeiten der BSE-Krise frische Lebensmittel ohne chemische Zusätze zu kaufen. Seit damals strömen sie von Donnerstag bis Samstag durch die Markthalle und die verwinkelten Gassen der näheren Umgebung, in denen sich Delikatessgeschäfte, Pubs und Restaurants angesiedelt haben.

Während der Nacht wird der Borough Market zum Großmarkt. Manche der Händler verkaufen ihre Nischenprodukte auch an die Wochenend-Feinschmecker. Peter Gott aus dem nordenglischen Seengebiet hat sich zum Beispiel auf die Freilandhaltung ausgefallener Schweinearten spezialisiert. Der Mann, der durch seine Melone und seine karierte Weste ins Auge sticht, preist lautstark seine Fleischpasteten und Würste an. Die Salami von Schafzüchter Andrew Sharp verbreitet ein unvergleichliches Aroma um seinen Stand. Die Firma »Brindisia« importiert spanische Spezialitäten.

1 Das Blue Print Café im Design Museum steht unter der Leitung von Restaurantimpresario Terence Conran. **2** »All Bar One« ist ein witziger Name für ein Lokal. Es heißt übersetzt »alle außer einem«. **3** Abends spazieren viele Finanzexperten aus der City über die Millennium-Brücke in das Ausgehviertel rund um den Borough Market. **4** Leckeres Biobrot.

1 Sessel aus über hundert Jahren finden sich in Londons coolstem Museum. **2** Würstchen und Pommes Frites werden an diesem Stand verkauft. **3** Die Monmouth Coffee Company braut angeblich den besten Kaffee südlich der Themse. **4** Auch zur Mittagszeit finden sich viele Bankiers im Restaurant Roast ein. **5** Die Fassade des Roast-Restaurants diente ursprünglich in Covent Garden als Markthalle.

Ihre Sardellenringe werden von Hand filetiert, damit auch keine Gräte den salzigen Gaumengenuss stört. Randolph Hodgson von »Neal's Yard« wiederum rettet ausgefallene Käsesorten aus Großbritannien und Irland vor dem Vergessen.

Iqbal Wahhab, Sohn von Einwanderern aus Bangladesch, hat es sich zum Ziel gesetzt, original englische Leckerbissen auf Haute-cuisine-Niveau anzuheben. Sein Restaurant »Roast« ist direkt in den Borough Market integriert. Es hat in einem Gebäude des ehemaligen viktorianischen Blumenmarkts von Covent Garden im Stadtzentrum ein Zuhause gefunden. Das technische Wunderwerk mit seinen Rosettenfenstern wurde für ein Pfund angekauft und am Borough Market wieder aufgebaut. Die »Floral Hall« fügt sich so harmonisch in das Ambiente ein, als hätte sie nie irgendwo anders gestanden. Hier fertigen die Küchenchefs originalgetreu »potted shrimps« an, Krevetten in einer feinen Sauce aus Sardellenpaste und Dill, Hasenbraten in Portweinsauce mit Haferklößen, sowie Sirloin-Steak mit Meerrettich- und Senfbutter.

Der Borough Market ist nur eine U-Bahn-Station vom Investmentzentrum in der »City« diesseits der Themse entfernt. Nachtschwärmer kommen nach getaner Arbeit gern hierher und lassen den Abend im »George Inn« auf der Borough High Street ausklingen, einem stimmungsvollen Pub aus dem Jahr 1677. Es erinnert an eine Zeit, als der Borough Market noch das Vergnügungs- und Gefängnisviertel von London war.

Das »Clink«-Gefängnis auf der Clink Street war ursprünglich ein Verlies im Palast des Bischofs von Winchester, von dem noch eine Mauer erhalten ist. Es führt anschaulich vor Augen, welche Folter die Insassen erdulden mussten. Gesundheitlich notwendige Schmerzen verursachten die Chirurgen im »Old Operating Theatre« auf der St. Thomas Street. Der Operationssaal in einem Kirchturm wurde erst 1957 wiederentdeckt. Hier hängen Amputations-

sägen neben aromatisch duftenden, frischen Kräutern – dem einzigen Narkosemittel, das man vor über hundert Jahren kannte.
Spaziert man vom Borough Market entlang der Themsepromenade zwischen London Bridge und Tower Bridge nach Osten, kommt man zur City Hall, dem Rathaus von London. Das von Norman Foster gestaltete Glasgebäude aus dem Jahr 2002 heißt im Volksmund »Das Ei«. Es verjüngt sich nach oben, um auch ja keinen Schatten auf die Fußgänger zu werfen.
Eindrucksvoll sind ebenfalls die alten Lagerhäuser auf der Butler's Wharf. Als sie in den siebziger Jahren ein kümmerliches Dasein fristeten, siedelten sich Künstler wie der Komponist Michael Nyman hier an. Aber wie an vielen Orten der Stadt zog die Kunst den Kommerz nach sich. In der Werft eröffneten schicke Geschäfte, und auch der Restaurantimpresario Terence Conran betreibt ein Restaurant, das »Butler's Wharf Chophouse«. Von seiner Terrasse genießt man einen herrlichen Blick auf die Tower Bridge. Englische Küche wie Steak- und Nierenpudding zeigen, dass der kulinarischen Renaissance von »everything British« nichts mehr im Weg steht.

Borough Market – Bio-Renaissance am Flussufer

Sehen & Erleben
Southwark Cathedral, Clink St., www.dswark.org/cathedral (eine der ältesten gotischen Kathedralen Londons).
Clink Prison Museum, Clink St. 1, Tel. 0 20-74 03 09 00, www.clink.co.uk (Gefängnismuseum mit vielen Folterinstrumenten).
Golden Hinde, St. Mary Overie Dock, Cathedral St., Tel. 08 70-0 11 87 00, www.goldenhinde.org (Nachbildung von Francis Drakes Schiff, das 1577 zum ersten Mal die Welt umsegelte. Nette Führungen für Kinder).
Vinopolis Bank End 1, Tel. 08 70-2 41 40 40 (virtuelle Tour durch alle Weinregionen der Welt).
Old Operating Theatre, Museum & Herb Garrett, St. Thomas St. 9A, Tel. 0 20-71 88 26 79, www.thegarret.org.uk (über 100 Jahre alter Operationsvorführraum).
Design Museum, Shad Thames 28, Tel. 0 20-74 03 69 33, www.designmuseum.org.
Fashion & Design Museum, Bermondsey St. 83, Tel. 0 20-74 07 86 64, www.ftmlondon.org (in beiden Museen wechselnde Ausstellungen zum Thema Design und Mode).

Übernachten
*****London Bridge Hotel*, London Bridge Hotel 8–18, www.thelondonbridgehotel.co.uk (elegant ausgestattetes Hotel).
****London Southwark*, Park Street 34, Tel. 08 70-9 90 64 02, Fax 08 70-9 90 64 03, www.premiertravelinn.co.uk (preisgünstiges Hotel mit Pub aus dem 15. Jh.!).

Essen & Trinken
Roast Floral Hall, Stoney St., Tel. 0 20-79 40 13 00 (Leckeres aus Großmutters Küche).
Pont de la Tour, Shad Thames 36d, Tel. 0 20-74 03 84 03 (Die Clintons aßen hier mit den Blairs.)
Monmouth Café, Monmouth St. 2. (Angeblich wird hier der beste Kaffee Londons serviert.)
Patisserie Lila, Bedale St. 1 & *Konditor & Cook*, Stoney St. 10 (zwei sehr nette Cafés).

Ausgehen
The George Inn, Borough High St. 77 (ehemalige Herberge für Postkutschen aus dem Jahr 1677. Sehr szenisch!).
Tapas Brindisa, Southwark St. 18–20, Tel. 0 20-73 57 88 80 (Tapas-Bar).

Shopping
Borough Market, Southwark Street 8 (Do 11–17, Fr 12–18 und Sa 9–16 Uhr).
Bermondsey Antiquitätenmarkt, Bermondsey St./Long Lane (Fr 4–14 Uhr)

U-Bahn-Station
London Bridge

Mit 1000 Hektar Grünfläche ist Richmond Park der größte Park in ganz London.

Der Südwesten

1

2

3

4

Es grünt so grün ...

Kew Gardens, Richmond & Hampton Court

Sowohl in Großbritanniens bedeutendstem botanischen Garten wie auch im hübschen Vorort Richmond und im Park von Hampton Court genießen Besucher die englische Natur. Glashäuser und Residenzräume zeugen von einem majestätischen Gestaltungswillen.

Es ist erstaunlich, welche Wirkung eine bestimmte Philosophierichtung auf unterschiedliche Kulturen haben kann. »Zurück zur Natur« lautete die Devise, die der französische Denker Jean-Jacques Rousseau (1712–1778) in der zweiten Hälfte des 18. Jahrhunderts ausgab. Königin Marie-Antoinette folgte seinem Ruf und richtete im Park von Versailles einen Garten ein, in dem sie Kühe melkte und Schafe hütete. Ihr Gemahl Ludwig XVI. versuchte sich einstweilen als Tischler. Wie die Geschichte weitergeht, ist wohl jedem Kind bekannt: Die beiden landeten auf dem Höhepunkt der Französischen Revolution im Jahr 1793 auf der Guillotine.

Ludwig und Marie-Antoinettes Kollegen auf dem englischen Thron hatten ähnliche Steckenpferde. Georg III. (1738–1820) und Königin Charlotte versuchten sich als Bauer und Gärtnerin. Sie ließen um ihren Palast im südlichen Vorort Kew eine herrliche grüne Oase anlegen. Capability Brown (1716–1783), der begabteste Gartenarchitekt des 18. Jahrhunderts, gestaltete ein wild-romantisches Areal, in dem sich englische Bäume an exotischen Pflanzen aus den Kolonien reihten. Trotz dieser bukolischen Idylle fand auch Georg III. kein gutes Ende. Er wurde 1810 geisteskrank, wohl aus Verzweiflung über den Verlust der freiheitsliebenden amerikanischen Kolonien.

Königin Viktoria (1819–1901) gab Kew Gardens 1841 für die Öffentlichkeit frei. Seitdem ist Großbritanniens größter botanischer Garten nicht nur ein beliebtes Ausflugsziel, sondern das bedeutendste botanische Forschungszentrum der Welt. 33 000 Pflanzenarten werden von fleißigen Gärtnern gehegt und gepflegt. 95 Prozent der britischen und zehn Prozent der weltweiten Flora hat seine Millenniums-Samenbank bereits zusammengetragen. Mit ihren 14 000 Bäumen und abermillionen Blumen zieht die 120 Hektar große Parkanlage zu jeder Jahreszeit Besucher an.

Bereits im Februar und März erwartet die Besucher ein aus eineinhalb Millionen Blüten bestehender Blumenteppich aus Krokussen und Märzenbechern. Im April und Mai bauen sich die Zaunkönige

1 Eine Künstlerin übt sich in Kew Gardens im Aquarell. **2** Bootsfahrten auf der Themse sind in Richmond besonders romantisch. **3** Mick Jagger zählt zu Richmonds illustren Bewohnern. **4** In der Phantasie der Schulkinder verwandelt sich das Palmenhaus in einen Dschungel.

1 Die wohltätige Königin Charlotte, die J. S. Bachs Begräbnis bezahlte, lebte im holländisch inspirierten Palast von Kew. **2** Fast jeden Monat steht eine andere Pflanze in Blüte. **3** Drei Viertel aller Palmen im Glashaus sind in der Natur gefährdet. **4** Herrliche Barockgebäude und fantastisch gepflegte Natur machen den besonderen Reiz von Kew Gardens aus. **5** An den Amazonas erinnert die Vegetation des Wasserlilienhauses.

um den König Wilhelm-Tempel ihre Nester und beginnen ihre Paarungsrituale. Eine ganze Wolke von Schmetterlingen flattert in der Luft herum, und Azaleen, Magnolien und Rhododendren strahlen purpur, rot und gelb in der Sonne.

Im Juni und Juli spielt sich im Wasserlilienteich ein wahres Spektakel ab. Nur zwei Nächte lang öffnen die schwimmenden Blüten ihre weißen Köpfe. Im Herbst scheinen die amerikanischen Ahornbäume, deren Blätterkleid sich feuerrot verfärbt, in Flammen zu stehen. Um die Weihnachtszeit erstrahlen die von Königin Viktoria gestifteten Glashäuser in weihnachtlichem Glanz. Tausende Lichter glitzern auf die Palmen und Orchideen in den grazilen Treibhäusern aus Schmiedeeisen und Glas.

Kew Gardens wird aber auch wegen seiner Bauwerke sehr geschätzt. Gleich beim Eingang ragt der Campanile in die Luft, der

5

ursprünglich als Rauchfang für das Palmenhaus diente. Letzteres ist das wohl eindrucksvollste unter all den Gewächshäusern in dem Park. Es wurde 1848 von Decimus Burton errichtet, drei Jahre vor dem berühmten Kristallpalast der Weltausstellung von 1851. Sein Gerüst biegt sich kunstvoll in alle Richtungen. In ihm fanden fast alle Palmenarten der Welt in einem schwül-feuchten Ambiente Platz.
Decimus Burton gestaltete auch das Temperate House für Pflanzen aus gemäßigten Klimazonen. Es umfasst Bäume und Sträucher aus allen Kontinenten sowie eine 20 Meter hohe chilenische Weinpalme, die bereits 1846 gepflanzt wurde. Die hier ausgestellte *Pendiculata sanderina* ist der heilige Gral für Orchideenliebhaber.
Kew Gardens ist ein Palimpsest aus verschiedenen gartenbaulichen Stilen. Die Bäume und Sträucher im Queen's Garden werden noch original nach Angaben aus dem 18. Jahrhundert gestutzt. Wie aus einem Märchen entsprungen mutet auch der Rosengarten an. Hier verbreiten Tausende Blüten in verschiedenen Farben ihren betörenden Duft.
Wer sich vom vielen Gehen ausruhen will, sollte dies in der Orangerie tun. Wo einst die Orangenbäume blühten, wird nun Tee serviert. Und auch Maids of Honor, das Lieblingsdessert von Heinrich VIII. Diese Mandelkekse werden mit Konfitüre gefüllt und passen vorzüglich zum aromatischen Early Grey-Tee.
22 Schüler nimmt Kew Gardens pro Jahr auf. Der Amerikanerin Lucinda Rooney wurde vor ein paar Jahren diese Ehre zuteil. Die Garten-Designerin aus dem Bundesstaat Vermont schätzte während ihres Studiums besonders den Kräutergarten. »Während meine Kollegen am Abend in eines der netten Pubs in Richmond gingen, sah ich mich im Kräutergarten um. Ich konnte sogar Einblick in Kapitän Cooks Herbarium nehmen, das er im 18. Jahrhundert auf seinen Weltumsegelungen erstellte.« Die Schulung hat sich für die einstige Haushälterin von Maria von Trapp bezahlt gemacht: Sie gestaltet nun das botanische Ambiente für diverse Hollywood-Filme und bietet exklusive Gartenreisen durch Südfrankreich an.
Anleihen bei den Treibhäusern von Kew Gardens nahm sich das exzellente »Glasshouse Restaurant« in Kew. Das Lokal sieht wie der Wintergarten eines Herrenhauses aus. Der Koch serviert hier französische Küche mit mediterranen Einflüssen.

1 Der Richmond Park eignet sich prächtig für romantische Filmkomödien, vorzugsweise mit Hugh Grant. 2 Die Gärtnerei wird in England schon in der Schule gelehrt. 3 Auf einer Bootsfahrt von Westminster nach Richmond genießt man ein herrliches Panorama. 4 Nur wenn es in Strömen schüttet, sind die Londoner aus den Parks zu kriegen. 5 Heinrich VIII. hätte an dieser Statue sicher Gefallen gefunden.

Kew Gardens ist in der Nähe des gediegenen Viertels Richmond gelegen. »Wenn ich zwischen Richmond und dem Tod wählen müsste, würde ich den Tod wählen«, rief Nicole Kidman in der Gestalt der Dichterin Virginia Woolf in dem Film »The Hours« aus. Kidman als Woolf beklagte sich damals über die gutbürgerliche Atmosphäre des Vororts, weil es sie in ihrem künstlerischen Schaffen hemmte. Tatsächlich ist aber Richmond Green der Hauptplatz des Stadtbezirks, einer der hübschesten in ganz England. Neben den 200 Jahre alten Reihenhäusern schießt ein extravagantes Theater aus dem Jahr 1899 in die Höhe, während aus mehreren Cafés der köstliche Duft der gerösteten braunen Bohnen zieht. Die Brücke von Richmond wurde bereits 1774 erbaut. Sie ist damit die älteste erhaltene Brücke über die Themse. Von April bis September fahren Ausflügler in gemieteten Booten den Fluss entlang.

Eines herrlichen Flusspanoramas kann sich das Riverside Hotel rühmen. Es ist von der Waterloo Station mit der U-Bahn in nur 20 Minuten zu erreichen und bietet eine ruhige Abwechslung zur hektischen Innenstadt. Das Hotel verfügt sogar über einen am Wasser gelegenen Garten. Die Hälfte der in traditionell englischem Stil eingerichteten Zimmer bietet einen Blick über das kühle Nass. Das Riverside Hotel liegt überdies in der Nähe des Fußpfades an der Themse. Diesen beschritten schon Maler wie Joshua Reynolds, William Turner und Oskar Kokoschka. Sie kletterten den Richmond Hill zu Terrace Gardens hinauf und malten hier Ansichten von sechs umliegenden Grafschaften.

Im Besitz der Folio-Gruppe sind das »Richmond Hill« und das Richmond Gate Hotel. Beide überblicken den Fluss und den 950 Hektar großen Richmond Park, in dem Rehe und Hirsche unter Eichenbäumen weiden. Beide Hotels sind in prunkvollen Herrenhäusern aus dem 18. Jahrhundert untergebracht und traditionell, jedoch mit einem modernen Einschlag eingerichtet. Während das Richmond Hill Hotel über 138 Zimmer verfügt und sich ideal für größere Konferenzen eignet, ist das Richmond Gate Hotel mit

3

4

5

86 Zimmern ein kleineres Anwesen. Beide Häuser verfügen jedoch über einen 20 Meter langen Swimmingpool sowie über eine Wohlfühllandschaft mit Sauna, Fitness- und Massageräumen. Viele Zimmer in beiden Hotels haben außerdem einen Balkon, von dem aus die Gäste die romantische Aussicht genießen können.

In Richmonds Antiquitätenläden, Designergeschäften und vornehmen Restaurants begegnet man mit ein bisschen Glück Mick Jagger und seiner Ex-Frau Jerry Hall. Sie haben sich mit ihren Kindern in einem Herrenhaus in der Gegend niedergelassen. Jagger selbst wird manchmal sogar in den umliegenden Kneipen mit seinem Musikerbruder Chris gesichtet.

Von Richmond aus kann man auch ein Schiff zum Königspalast von Hampton Court nehmen, dessen Besuch sich mehr lohnt als eine Führung durch den Tower oder Madame Tussauds. Der mächtige Kardinal Wolsey (1472–1530) errichtete hier einen Palast, den er stolz König Heinrich VIII. zeigte. Dieser konfiszierte das Anwesen prompt, als er seinen engsten Berater ins Gefängnis warf, weil der Kardinal keine Scheidung von seiner ersten Frau, Katharina von Aragon, erwirken konnte. Aus Wolseys Zeit ist noch eine kleine Kammer mit einer kunstvollen Täfelung und einer phantastischen Decke erhalten, die aus einem Netz von vergoldeten Achtecken besteht. Auch eine Grisaillemalerei überstand fast 500 Jahre. Ganz im Einklang mit der Reformationsbewegung zeigt dieses Gemälde Papst Clemens VII., wie er von den vier Evangelisten gesteinigt wird.

Wenn Heinrich sich hier mit seinem Hofstaat aufhielt, wurden täglich sechs Ochsen, 40 Schafe und 1000 Lerchen, Fasane, Tauben oder Pfaue verspeist. Der König und sein innerer Kreis tranken Wein aus dem Rheinland dazu, während die minderen Hofschranzen sich mit einfachem Bier begnügen mussten. Heinrichs fünfte Frau Catherine Howard schleicht angeblich noch heute als Gespenst durch die Bildergalerie. Die 19-Jährige soll diese durchschritten haben, um ihren in der Kapelle weilenden Mann anzuflehen, sie nicht zu köpfen. Heinrich VIII. änderte seine Meinung jedoch nicht, denn jemand hatte ihm einen Zettel zukommen lassen, auf dem stand, dass Catherine bei ihrer Eheschließung keine Jungfrau mehr war.

Im Uhrenhof des Königspalasts ist eine astronomische Uhr zu bewundern, von der Heinrich VIII. den Gezeitenstand ablas. So

1 Das Richmond Gate Hotel vermittelt dem Besucher ein Gefühl für englische Dorfatmosphäre. **2** Der historische Trakt des Richmond Hill Hotel stammt aus dem Jahr 1726. **3** Im Palast von Hampton Court informiert eine Ausstellung über den jungen Heinrich VIII. (ohne Bierbauch). **4** Königin Victoria wacht streng über den Bierkonsum im Pub. **5** Kessel aus alten Zeiten wurden für die Besucher sauber geschrubbt.

konnte er abschätzen, wann seine Gäste ungefähr mit dem Schiff aus London ankommen würden. Auch der Tennisplatz des heiratswütigen Monarchen findet sich noch hier. Er wurde allerdings von Karl II. restauriert.

Königin Elisabeth I. hielt in Hampton Court Maskenbälle ab, und William Shakespeare ließ in der »Great Hall« mit der Stichbalkendecke seine neuesten Stücke spielen. Führer in historischen Kostümen erzählen heutzutage von der listenreichen Portia, die den Kaufmann von Venedig vor dem sicheren Tod rettete und von Petruccio, der die widerspenstige Katharina schließlich zähmte.

Unter den Co-Regenten Wilhelm & Maria gestaltete Christopher Wren im Jahr 1689 den gesamten Palast im barocken Stil um und packte die Fassade randvoll mit Fenstern. Ein interessantes Detail in den Gemächern von Königin Anna (1665–1714) ist die Trompe-

l'œil-Malerei, die ihren Gemahl Georg von Dänemark darstellt. Sie zeigt ihn, wie er nackt und – noch gewagter – ohne Perücke auf einem Delfin reitet.

Hampton Court ist auch für seine weitläufigen Gärten bekannt. Karl II. ließ sie im Stil von Versailles anlegen. Ein »Long Water« genannter Teich erinnert heute noch am eindringlichsten an den französischen Prachtgarten. Ein »Great Vine« genannter Weinstock wurde von Capability Brown bereits 1768 angepflanzt. Wenn im September die Hamburg-Trauben reifen, werden sie im Garten verkauft.

Der berühmteste Teil des Gartens ist das »Maze« genannte Labyrinth aus dem Jahr 1714. Zwischen diesen verwirrend angeordneten Hecken krochen schon Pilger auf ihren Knien herum, aus Buße darüber, dass sie keine Reise ins Heilige Land antraten. Im 18. Jahrhundert zog sich der Adel für geheime Tête-à-Têtes dorthin zurück. Ein vermeintliches Echo aus dieser Zeit tönt heute dezent über Lautsprecher. Da hört man Vogelgezwitscher, Wortgeplänkel und ein demonstrativ amüsiertes Lachen. Nur das Weinen der Geisterfrau Catherine Howard lässt sich nicht vernehmen.

Richmond, Kew Gardens & Hampton Court – zurück zur Natur

Sehenswürdigkeiten

Kew Gardens, Kew Road, Tel. 0 20-83 32 56 55, www.kew.org (Englands schönster botanischer Garten und weltweit wichtigstes Forschungszentrum für Pflanzen).
Hampton Court Palace, East Molsey, Tel. 08 70-7 51 51 75, www.hrp.org.uk/HamptonCourtPalace (Lieblingspalast von Heinrich VIII.).

Übernachten

*****Richmond Hill Hotel*, Richmond Hill, Tel. 0 20-89 40 22 47, Fax 0 20-89 40 54 24, www.foliohotels.com/richmondhill, E-Mail: richmondhill@foliohotels.com.
*****Richmond Gate Hotel*, Richmond Hill, Tel: 0 20-89 40 00 61, Fax 0 20-83 32 03 54, www.foliohotels.com/richmondgate, E-Mail: richmondgate@foliohotels.com.
****Richmond Riverside*, Petersham Road 23, Richmond, Tel. 0 20-89 40 13 39, Fax 0 20-89 40 13 39, www.riversiderichmond.co.uk, E-Mail: riversidehotel@yahoo.com.
****Coach and Horses Hotel*, Kew Green 8, Tel. 0 20-89 40 12 08 (nettes Pub-Hotel).

Essen & Trinken

Orangerie, Kew Gardens, Kew Road 288, Tel. 0 20-89 40 27 52 (Diese charmante Teestube serviert das Lieblingsdessert von Heinrich VIII.)
The Glasshouse, Station Parade 14, Tel. 0 20-89 40 67 77 (Restaurant in einem wunderbaren Wintergarten).

Ausgehen

Dysart, Petersham Road 135, Richmond.
Old Ship, King St. 3, Richmond.
White Swan, Old Palace Lane 26, Richmond.

U-Bahn-Stationen

Kew Gardens, Richmond

1

2

3

4

Mekka des Weißen Sports

Wimbledon – Treffpunkt der Tenniselite

Zwei Wochen im Frühsommer steht der gutbürgerliche Vorort im Zentrum des internationalen Sportinteresses. Einige Spieler steigen im barocken Palais »Cannizaro House« ab.

Der Duft von frisch gepflückten Erdbeeren verbreitet sich über den Centre Court, dringt allerdings freilich nicht zu den Fernsehzuschauern in aller Welt durch. In den Spielpausen der Tennismeisterschaften von Wimbledon ist *strawberries and cream* der bevorzugte Imbiss der Fangemeinde. 23 Tonnen Elsanta-Beeren aus Kent und 7000 Liter Schlagsahne werden im Durchschnitt bei dem zwei Wochen dauernden, weltberühmten Turnier verkauft. Bei einem Wimbledon-Match live dabei zu sein, bedeutet für Tennisfans genauso viel wie ein Louvre-Besuch für Kunstliebhaber.

Was Wimbledon von anderen »Championships« unterscheidet, ist seine vornehme und unkommerzielle Atmosphäre. Nicht wenige königliche Hoheiten starren gebannt auf den Ballwechsel zwischen Federer & Co. In den für Mitglieder des »All England Lawn Tennis Club« vorbehaltenen Rängen dürfen Männer nur in Jackett und Krawatte auftreten. Für Damen ist außer Rock und Kleid höchstens ein smarter Hosenanzug erlaubt.

Auf den höheren Rängen nippen Nicht-Mitglieder Pimms No. 1, den Lieblingssommerdrink der Südengländer. Beim Haupteingang spielt eine Jazzband geschmackvolle Swing-Rhythmen, und eine ausgelassene Party steigt im benachbarten Aorangi Park: Dort verfolgen Sportbegeisterte das Geschehen auf einer riesigen Leinwand. Die Werbung hält sich beim Turnier zurück; Produktplatzierungen werden nur äußerst diskret in die Programme eingebunden.

Wer einmal die Wimbledon-Finalspiele live erleben will, muss den Club zwischen August und Dezember anschreiben. Eine bestimmte Anzahl an Eintrittskarten wird jedes Jahr verlost. All jene, die keine Karten bekommen oder vorbestellt haben, können sich in den frühen Morgenstunden jedes Spieltages anstellen. Mit etwas Glück und Geduld ergattert man ein Ticket!

Das Wimbledon Lawn Tennis Museum vermittelt während des restlichen Jahres einen guten Einblick in das »Mekka des Weißen Sports«. Am besten steigt man an der U-Bahn-Station Southfields

1 Mysteriös sind oft die Namen von Pubs und Hotels. **2** Wenn ein englisches Tennisass in Wimbledon weiterkommt, darf man sich schon national geben. **3** Auf der High Street von Wimbledon schlagen die Uhren langsamer. **4** Das Tennis Museum spart nicht mit Hightech-Ausstattung, um ein eindrucksvolles Bild vom Weißen Sport zu vermitteln.

1 Vor 100 Jahren kleideten sich die Tennisstars noch züchtig. **2** Und der Tee wurde noch *courtside* serviert. **3** Ein Maharadscha nannte das Cannizaro House Hotel einmal sein Eigen. **4** Wimbledon gehört nicht nur den Tennisspielern, sondern auch den Reitern. **5** Capability Brown legte den Wimbledon Park im klassischen englischen Stil an.

aus und fährt dann noch mit dem Bus 493. Außer zu Turnierzeiten kann der heilige Rasen des Centre Court auf einer Tour besichtigt werden.

Das Museum selbst wurde im Jahr 2006 vollkommen restauriert. Es wartet mit außerordentlichen historischen Artefakten wie einem »Jeu de Paume«-Lederball aus dem 16. Jahrhundert und dem spektakulären Korsettkleid von Venus Williams auf, das die Modeschöpferin Diane von Fürstenberg 2003 entwarf. Mithilfe neuester Videotechnik vermittelt das Museum das jährliche Sportdrama.

In einem Kinoraum mit einem 200-Grad-Bildschirm können Zuschauer das Finalspiel zwischen Maria Sharapova und Nuria Llagostera aus dem Jahr 2004 verfolgen. Wie in Matrix-Filmen kommt die Handlung zum Stillstand. Die Zuschauer »fliegen« um das 3-D-Bild und beobachten das Spiel von verschiedenen Blickwinkeln. Dadurch werden die Wucht der Schläge und die Konstitution der Athletinnen eindrucksvoll spürbar. Auch John McEnroes Geist ist im Museum allgegenwärtig. Ein lebensgroßes Hologramm des frechsten Spielers aller Zeiten wandert in einer Umkleidekabine aus dem Jahr 1980 herum und scherzt locker über seine Rivalen Björn Borg und Jimmy Connors.

Während des Turniers steigen viele Spieler im »Cannizaro House« ab. Das 300 Jahre alte Barockpalais ist idyllisch ruhig in einem Privatpark gelegen. Ein sizilianischer Herzog war von 1817 an 30 Jahre lang Herr über diesen prachtvollen Besitz und verlieh ihm seinen Namen. Nach ihm verbrachte ein verbannter indischer Maharadscha seine Tage auf dem Gut. Nach der Renovierung des Anwesens

im Jahr 2006 schaffte das zur edlen Bridgehouse-Gruppe gehörige Hotel leicht den Spagat zwischen Tradition und modernem Komfort. Die Porträts von adeligen Gecken in verschnörkelten Goldrahmen scheinen fast aus ihren Ölbildern herausspringen zu wollen, um sich an der schicken Bar aus grün beleuchtetem Plexiglas einen Mojito zu genehmigen. Am Wochenende ist die Bar ein angesagter Treffpunkt der Südlondoner Schickeria.

Die geräumigen Zimmer des »Cannizaro House« sind jedoch eher traditionell gehalten: Die Baldachinbetten, antike Kommoden und gelbweiß gestreiften Tapeten würden gut in die Verfilmung eines Jane Austen-Romans passen. Aus den Fenstern hat man einen herrlichen Ausblick auf den gepflegten Garten, in den sich auch eine Statue des äthiopischen Kaisers Haile Selassie verirrt hat. Das »Cannizaro House« ist unweit des Wimbledon Common gelegen, des mit 460 Hektar größten Parkareals in Südlondon. Auf Wunsch organisiert das Hotel Ausritte in die Natur.

Wer die Atmosphäre eines englischen Reitclubs genießen will, sollte bei den »Wimbledon Village Stables« eine Reitstunde nehmen. Die Stallungen befinden sich mitten auf der High Street des charmanten Wimbledon Village, das man vom Tennis Museum in ein paar Minuten mit dem Bus 493 erreicht. Ein Ausritt auf dem braunen irischen Rappen kann leicht berauschen. Schließlich heißt er »Guinness«!

Wimbledon – Olymp der Götter in Weiß

Sehen & Erleben
Wimbledon umfasst mehrere U-Bahn-Stationen. Das Tennis-Museum und die Plätze sind am besten über die Station Southfields und den Bus 493 zu erreichen. Im selben Bus geht es weiter zum charmanten Wimbledon Village.
Wimbledon Lawn Tennis Museum, Church Road, Tel. 0 20-89 46 61 31 (Eindrucksvolle Tour durch die Tennisgeschichte. Tickets für die Meisterschaften von Wimbledon können zwischen August und Dezember beim »All England Lawn Tennis Club« angefordert werden. Beide: www.wimbledon.org.)
Southside House, Woodhayes Road 3–4, Wimbledon Common, Tel. 0 20-89 46 76 43, www.southsidehouse.com (Museumsvilla der exzentrischen Pennington Mellor Munthe-Familie. Mit Erbstücken vollgestopft, darunter angeblich Marie Antoinettes Perlenkette. U-Bahn Station Wimbledon und dann Bus 93 zum Rose and Crown Pub.)
Wimbledon Village Stables, High St. 24 A/B, Tel. 0 20-89 46 85 79, www.wvstables.com, E-Mail: admin@wvstables. com (Reiten auf 30 km langen Reitwegen).

5

Hotels
*****Cannizaro House*, West Side, Wimbledon Common, Tel. 0 20-88 79 14 64, www.cannizarohouse.com, E-Mail: info@ cannizarohouse.com
(Elegantes Hotelpalais in einem Privatpark. Hier steigen die Spieler während der Meisterschaften ab.)
****Rose&Crown Hotel*, High St. 55, Tel. 0 20-89 47 47 13, www.roseandcrownwimbledon.co.uk
(Hotel der Wells & Young's Pub-Kette).
Anna's B&B, Rothesay, Kingston Road 198, Tel. 0 20-87 15 13 35, Fax 0 20-87 15 13 36, www.annas-bb.co.uk, E-Mail: anna@annas-bb.co.uk (Romantisches Bed & Breakfast. Die Besitzerin spricht Deutsch!)
Wimbledon Bed & Breakfast, Queens Road 131, Tel. 0 20-85 42 98 35, www.wimbledonbedandbreakfast.co.uk, E-Mail: teresacrundall@waitrose.com (Bed & Breakfast in historischem Reihenhaus).

Essen und Trinken
Sultan, Norman Road 78, Tel. 0 20-85 42 45 32
(Als einziges Pub in ganz London führt es Ale-Sorten der *Salisburys Hop-back Brewery*).

Shopping
Cath Kidston, High St. 3, Tel: 0 20-89 44 10 01 (Mode wie im England der dreißiger Jahre. Unter Teenies sehr beliebt!)

U-Bahn-Stationen
Southfields, Wimbledon Park, Wimbledon

Der Westen

Entlang des Kanals Grand River lässt es sich stundenlang gemütlich spazieren.

1

2

3

4

Von Booten und Beatles

Little Venice & St. John's Wood – Romantik am Kanal

Paul McCartney und Carl Djerassi, der Erfinder der Antibabypille, leben nahe einer mit Weiden bewachsenen Uferpromenade am Regent's Canal. Wenn Beatles-Fans klug sind, begeben sie sich nach einem Besuch des Zebrastreifens auf der Abbey Road zu einer Kahnfahrt.

Wenn Londoner ihre Topfpflanze am Fensterbrett gießen, träumen viele von ihnen vom eigenen Garten. Schließlich genießen die Engländer ja den Ruf, einen »grünen Daumen« zu haben. Carl Djerassi geht es da schon besser. Von seiner Terrasse in Little Venice überblickt der Vater der Antibabypille einen weitläufigen, gepflegten Park, der von vier exklusiven Häuserzeilen umrahmt wird und zu dem nur Anrainer Zutritt haben. Der emeritierte Universitätsprofessor ruht sich hier aus, wenn sein hektischer Terminkalender eine kleine Verschnaufpause vorsieht.

Djerassi ist nicht nur ein berühmter Wissenschaftler, sondern wird auch als Literat hoch geschätzt. Er hat sich auf »Science-in-fiction«-Theaterstücke und -Romane spezialisiert, in denen er Fragen über die moralischen Grenzen und Möglichkeiten der Wissenschaft aufwirft. Außerdem ist er ein wichtiger Förderer zeitgenössischer Kunst. Seine umfangreiche Paul-Klee-Sammlung ist als Dauerleihgabe in einem Djerassi-Raum im San Francisco Museum of Modern Art zu sehen und wird nach seinem Tod an das Museum sowie an die Wiener Albertina gehen. Der British Library schenkte er zwei Skulpturen von Bill Woodrow und David Nash.

Gleichzeitig etablierte er auch das »Djerassi Resident Artists Program« in Nordkalifornien zur Förderung bildender Künstler, die sich bei ihrem Gönner oft in Form von Werken bedanken. Diese Malereien und Skulpturen bringen viel Leben in Djerassis zweistöckige Wohnung in seinem weißen »Townhouse« mit ionischen Säulen und Stuckornamenten. »An London schätze ich besonders die Kulturszene«, erklärt der Wissenschaftler: »In keiner anderen Stadt ist es so leicht, kreative Menschen kennenzulernen.«.

Der Bauboom in Little Venice setzte zu Beginn des 19. Jahrhunderts ein, als Immobilieninvestoren Villen und Wohnhäuser im italienischen und neogotischen Stil errichteten. 1820 wurde der Regent's Canal fertiggestellt, der sich über fast 15 Kilometer Länge von Paddington bis nach Limehouse in Ostlondon dahinschlängelt.

1 Im Stil der siebziger Jahre ist das »Cosmic Girl«-Zimmer im Pavillion Hotel gestaltet. **2** Wie Zwillinge schauen die Beatles auf der Mauer der Abbey Road Studios aus. **3** Die Toilettenartikel im Colonnade Hotel sind eine englische Spezialmarke. **4** Manche Hausboote ankern monatelang an ein und derselben Stelle.

1

2

In Little Venice bei der Warwick Avenue ist die Wasserstraße mit ihren bunten Hausbooten besonders pittoresk.
Carl Djerassi hat illustre Nachbarn. In der Gegend um die U-Bahn-Stationen Warwick Avenue, Maida Vale und St. John's Wood leben Prominente wie der Beatles-Star Paul McCartney, Sänger Robbie Williams und Supermodel Kate Moss.
Im prächtigen Hotel The Colonnade auf dem Warrington Crescent wohnte ein weiterer Exilösterreicher, der wie Djerassi im Jahr 1938 flüchten musste. Sigmund Freud verbrachte die ersten Tage der Emigration in dem ehrwürdigen viktorianischen Hotel, das sich aus zwei Gebäuden zusammensetzt: einem ehemaligen Wohn- wie auch einem Krankenhaus.
Zahlengenie und Enigma-Entschlüssler Alan Turing wurde 1912 in der heutigen Suite Nr. 17 geboren. In dieser Suite stieg in der Folge auch Sigmund Freud ab. Pikantes Detail am Rande: Carl Djerassi lässt in seinem Roman »Aufgedeckte Geheimnisse« die Liebesnacht der Protagonisten genau in diesen Zimmern stattfinden. Als habe der Schriftsteller Boris Beckers Dilemma vorausgeahnt, stiehlt die Hauptfigur Melanie die Spermien ihres Liebhabers Menachem.
Alle 43 Zimmer des Boutique-Hotels sind mit antik angehauchtem Mobiliar in warmen Erdtönen eingerichtet. Die Himmelbetten, Brokatsofas und original erhaltenen Marmorkamine unterstreichen die luxuriöse Fin-de-Siècle-Stimmung. Das Hotel setzt alles daran, seine Gäste zu verwöhnen: Die Flasche Portwein in der Lobby steht zur freien Bedienung auf dem Tisch. Zur schnellen Aufmunterung kann man sich auch einen Tee oder Kaffee einschenken. Und sind die Schuhe von der Anreise verschmutzt, poliert sie ein Mitglied des Personals natürlich kostenfrei. Minnie, die Hauskatze, streift einstweilen durch die Eingangshalle und sieht nach dem Rechten.
Da das Hotel etwas außerhalb vom Stadtzentrum liegt, bietet The Colonnade preisgünstige Pauschalarrangements an. Für ein romantisches Wochenende streut das Zimmermädchen Rosen- blätter aufs Himmelbett und serviert Champagner, Erdbeeren und feinste Schokolade. Gäste schätzen besonders die großen Badewannen. Die Cremes und Seifen der naturbelassenen Molton-Brown-Marke verbreiten den Duft von Maracuja, Ingwer und Lilien im Raum.

1 Jeden Morgen können die Gäste des Colonnade Hotels zwischen verschiedenen Zeitungen wählen. **2** Fürstlich gebettet kann man sich hier zur Ruhe begeben. **3** Das Hotel ist wie ein altes Herrenhaus gestaltet. **4** Als das Colonnade Hotel noch ein Wohnhaus war, wurde Alan Turing, der Entschlüssler der Enigma-Maschine, hier 1912 geboren.

Womit wir wieder bei der Natur wären. Das Apartmenthotel Europa House auf der Randolph Avenue verfügt über einen Privatgarten, ähnlich wie ihn Carl Djerassi besitzt. Hotelgästen ist der Zutritt natürlich gestattet. Das Europa House befindet sich im Besitz von Tracy Lowy, der auch das luxuriöse Suitenhotel No. 5 Maddox Street Hotel auf der Regent Street gehört. Wie sein Schwesterhotel wurde das Europa House modern, jedoch mit romantischen Akzenten eingerichtet. Neben dem Doppelbett mit schwarzem Lederkopfteil steht ein Beistilltisch mit verschnörkelten Beinen, und der Kaffeetisch im Wohnzimmer ist ein Mosaik aus bunten Keramikteilen. Das Hotel verfügt außerdem über eine Parkgarage für all jene, die sich auf der »falschen« Straßenseite fahren trauen.

Sowohl The Colonnade wie auch das Europa House liegen nur wenige Gehminuten von Little Venice entfernt, dem hübschen Viertel rund um den Regent's Canal. Der Kanal stellte im frühen 19. Jahrhundert eine direkte Schiffsverbindung vom Industriezentrum in Birmingham bis zu den Docks in London her. Keiner der Bauherren war jedoch so weitblickend, die Eisenbahnrevolution vorherzusehen. Es grenzt an ein kleines Wunder, dass der Kanal nicht zugeschüttet wurde, sondern in seiner ursprünglichen Form erhalten blieb.

Hausboote mit Namen wie »Lady Rose« und »Wet Dreams« (!) liegen hier vor Anker. Manche von ihnen sind über und über mit Geranientöpfen behangen, was beweist, dass die Bewohner schon längere Zeit an ein und demselben Platz vertäut sind. Richard Branson lebte jahrelang mit seiner Familie auf einem Hausboot auf dem Kanal. Das Boot fungierte gleichzeitig als sein Büro. Nachdem sein ungewöhnliches Heim jedoch aus allen Nähten platzte, überzeugte ihn seine Frau, ein stattliches Haus im nahe gelegenen St. John's Wood zu kaufen.

1 In diesem Privatgarten fühlt sich Carl Djerassi, der Erfinder der Anti-Babypille, wohl. **2** Der ehemalige Universitätsprofessor werkt in seinem feudalen Reihenhaus an seinen Theaterstücken. **3** Das Europa House ist in einem dieser vornehmen Reihenhäuser untergebracht.

Wenn man bei der U-Bahn-Station Warwick Avenue aussteigt, kommt man gleich bei einem altmodisch aussehenden grünen Häuschen vorbei. Diese Teestube ist ein Relikt aus dem 19. Jahrhundert. Der Sozialreformer Lord Anthony Shaftesbury ließ 1870 dreizehn solcher Hütten errichten, um Droschkenfahrer vom Alkohol abzubringen und sie mit Tee und Kuchen aufzumuntern. Taxifahrer machen auch heute noch in dieser Enklave Pause und treffen sich zum Plaudern und Rauchen.

Von hier sind es nur ein paar Schritte bis zur Blomfield Road, die einen wunderbaren Ausblick über den Kanal bietet. Wer in dieser romantischen Gegend länger verweilen will, kann sich in eines der zahlreichen, netten Cafés setzen. Das »Waterside Café« ist direkt in einen alten Kahn integriert, während man vom Café »Laville« über einem Tunnel die Boote vorbeiziehen sieht. Drei verschiedene Bootsunternehmen bieten Fahrten zwischen Little Venice und dem

Kunsthandwerksmarkt von Camden Lock an. Besonders Familien mit Kleinkindern begeben sich gern auf die 50-minütige Bootsfahrt – vorbei an Brücken, Schleusen und Tunnel. Zuerst tuckern sie an Browning's Island vorbei, einer kleinen Kanalinsel mit riesigen Weidenbäumen, die nach dem Dichter Robert Browning (1812–1889) benannt ist, der in der Nähe wohnte und die Bezeichnung Little Venice prägte. Die Kleinen freuen sich über Enten und Schwäne, die das Boot fast überholen, und bestaunen die alten Villen, die vom Boot wie Märchenschlösser aussehen. Vom Minarett von Londons Zentralmoschee im Regent's Park vernimmt man die Rufe eines Muezzins. Dann kommt der schwierigste Teil der Fahrt: Der Kahn hält im Zoo an, wo Gäste mit einem Kombiticket aussteigen. »Ich will auch in den Zoo«, tönt es meist aus Kindermündern. Die Eltern müssen dann all ihre Überredungskünste aufbieten, um ihre Lieblinge davon abzuhalten, über Bord zu springen.

Die Kinder lassen sich schließlich trösten, als die Eltern ihnen einen Besuch in der »Puppet Barge« in Little Venice versprechen. Von November bis Mai liegt das Marionettenschiff in Little Venice vor Anker. In dem gelbroten Hausboot betrachtet ein Macbeth den Dolch in seiner zierlichen Holzhand, und Landmaus und Stadtmaus philosophieren darüber, wer wohl das bessere Leben führt. Extravorstellungen finden beim Canalway Cavalcade Festival zu den englischen Feiertagen Anfang Mai statt.

Unzählige kleine Binnenschiffe putzen sich dann fein heraus und reihen sich wie Sardinen in der Dose aneinander. Ein Meer von bunten Fähnchen weht im Wind. Bei diesem Festival können Besucher historische Kähne von innen bewundern und Kapitänen dabei zuhören, wie sie Seegarn spinnen. Am eindrucksvollsten ist die Bootsparade am Sonntagabend. Da sind alle Kähne von Hunderten Lampen beleuchtet.

Das einzige Schiff, das Paul McCartney gut kennt, ist das »Yellow Submarine«. Der »Beatles«-Milliardär wohnt im Viertel St. John's Wood, das an Little Venice angrenzt. Seine über hundert Jahre alte Villa auf der Cavendish Road 7 kaufte er bereits 1964. Sie ist von einer drei Meter hohen, dicken Ziegelmauer abgeschirmt. Täglich pilgern Dutzende Touristen in der Hoffnung hierher, ihr Idol um ein

2

3

4

1 Im Beatles Coffee Shop verkaufen sich Souvenirs mit Pilzkopfmotiven sehr gut. **2** Die Beatles in ihrer »Yellow Submarine«-Schaffensperiode lachen von dieser Kaffeetasse. **3** Der Zebrastreifen auf der Abbey Road ist wohl der berühmteste Fußgängerübergang auf der Welt. **4** Auch Gegenstand einer Briefmarke war Abbey Road schon. **5** In dieser Bar kommt Safer Sex in Wodkaform.

Autogramm bitten zu können. Macca, wie ihn die britische Presse nennt, bringt seinen Namen jedoch nur selten zu Papier. Lieber zieht er sich in den von der Straße nicht einsehbaren Teil seines Gartens zurück. Dort steht eine geodätische Kuppel aus Hunderten Dreiecken, die der Sänger und Komponist in den sechziger Jahren für Meditationszwecke errichten ließ. Bis zu diesem Bauwerk dringen neugierige Blicke allerdings nicht vor.

Richard Porter, der Tourguide von »Beatles in London«, respektiert die Privatsphäre des weltberühmten Gitarristen. Der ehemalige Präsident des Beatles-Fanclubs veranstaltet Führungen zu jenen Orten in London, in denen die Pilzköpfe lebten oder arbeiteten. Er wandert mit den Touristen etwa zu den Abbey Road Studios gleich in der Nähe von Pauls Haus, in denen die Beatles während der sechziger Jahre ihre Songs aufnahmen. Junge Popstars wie Kanye West verwenden das Plattenstudio bis heute noch.

Gleich vor dem Gebäude erstreckt sich der wohl berühmteste Zebrastreifen der Welt. Während eines Fototermins gingen die Beatles im Gänsemarsch über die Fußgängerkreuzung. Das Bild verwendeten sie später für das Cover ihrer letzten Platte »Abbey Road«. Echte Fans hinterlassen auf der Straße ein Graffiti und pilgern noch in den Beatles Coffee Shop gleich neben der U-Bahn-Station St. John's Wood. Dort gibt es Souvenirs, die die berühmteste Band aller Zeiten in ihren verschiedenen Schaffensphasen zeigen.
Cricket ist so englisch wie die Beatles selbst. Nach Fußball ist es der zweitbeliebteste Sport auf der Welt und wird in vielen Ländern des Commonwealth gespielt. Der Lord's Cricket Ground, das traditionsreichste Stadium der Welt, ist nur wenige Gehminuten von der U-Bahn-Station St. John's Wood entfernt. Wer sich das komplizierte Spiel ansehen will, tut gut daran, eine Karte für ein 20/20-Spiel zu kaufen. Das zieht sich nämlich nicht über mehrere Tage hin, sondern dauert nur einen Abend. Über dem Stadium thront das NatWest Media Centre, das 1999 hinzugefügt wurde. Das einschalige Bauwerk ist ein eindrucksvolles Beispiel für Londons Hightech-Architektur und stellt einen eindrucksvollen Kontrast zu den umliegenden viktorianischen Bauten dar.

Little Venice & St. John's Wood – Ausfahrten am Canale Piccolo

Sehen & Erleben
Jason's, 60 Blomfield Road, www.jasons.co.uk (Bootstourveranstalter mit Mittelmeerrestaurant am Steg).
London Waterbus Company, Camden Lock Place, www.londonwaterbus.com (Bootstouren auf historischen Kähnen).
Walkers Quay, Camden High St. 250, www.walkersquay.com (Bootstouren von Camden Lock nach Little Venice. Manche Boote haben ein Restaurant an Bord.)
Puppet Barge, www.puppetbarge.com (Marionettenboot in Little Venice).
Abbey Studios, Abbey Road 3 (Tonstudio, in dem die Beatles aufnahmen. Berühmter Zebrastreifen vom »Abbey Road«-Plattencover befindlich gleich davor.)
Beatles in London, Tel. 0 20-89 60 20 92, www.beatlesinlondon.com (Beatles-Führungen von Richard Porter).
Marylebone Cricket Club, Lord's Cricket Ground, Tel. 0 20-76 16 85 00, www.lords.org (der berühmteste Cricketclub der Welt).

5

Übernachten
*****The Colonnade*, Warrington Crescent 2, Tel. 0 20-72 86 10 52, www.theetoncollection.com, E-Mail: rescolonnade@theetoncollection.com (Sigmund Freuds ehemaliges »home-away-from-home«).
******Europa House*, Randolph Avenue 79A, Tel. 0 20-77 24 59 24, Fax 0 20-77 24 29 37, www.westminsterapartments.co.uk, E-Mail: sales@westminsterapartments.co.uk (Apartmenthotel mit Privatgarten und Einheiten mit ein bis vier Schlafzimmern).
****New Inn London*, Allitsen Road 2, Tel. 0 20-77 22 07 26, www.newinnlondon.co.uk, E-Mail: thenewinn@gmail.com (einfaches Pub-Hotel).
*****Danubius Hotel Regent's Park*, Lodge Road 18, www.regentsparkplazahotel.co.uk (Hotel mit Blick auf den Regent's Park. 376 Zimmer).

Essen & Trinken
Amoul, Formosa St. 14 (exzellentes levantinisches Restaurant beim Colonnade Hotel).
Prince Alfred, Formosa St. 5A (viktorianisches Pub mit eindrucksvoller Glasfassade).
Harry Morgan Restaurant, St. John's Wood High St. 31 (koscheres Restaurant mit Spezialitäten wie gefilte Fisch auf der vornehmen Hauptstraße von St. John's Wood.)
Warrington Hotel, Warrington Crescent 93 (schönes altes Pub und Restaurant im Besitz von Gordon Ramsey).
Warwick Castle, Warwick Place 6 (Eines der wenigen Pubs, das sich noch im Besitz einer Privatperson, nicht einer Brauereikette befindet.)

U-Bahn-Stationen
Warwick Avenue, St. John's Wood, Maida Vale

1

2

3

4

Der Zauber der Bohème

Notting Hill – multikulturelles Designerviertel

Rund um die Portobello Road mit ihren Antiquitätenläden befinden sich Hotels und Geschäfte, die einem Bühnenbild aus »La Traviata« entsprungen sein könnten. Junge Leute mit Treuhandfonds, Künstler und Immigranten aus der Karibik sorgen für ein buntes Straßenbild.

Wie ein Schwein im Klee kommt sich meine Frau in Notting Hill vor«, beschreibt Martin Miller die Gefühle seiner Ioana auf recht eindrucksvolle Art. »Sie schwirrt von Schuh- zu Mode- und Handtaschengeschäft und isst mit sehr schönen Menschen extravagante Köstlichkeiten in sündteuren Restaurants.« Miller mag über seine Frau spötteln. Er sollte sich aber selber mal beim eigenen Rüssel packen. Schließlich hat er die Auswahl unter 90 Trödlerläden. Auch der samstägliche Antiquitätenmarkt auf der Portobello Road ist für den Herausgeber von »Miller's Price Antique Guide«, des meistverkauften Altwarenführers der Welt, ein gefundenes Fressen.

Notting Hill erweckt Erinnerungen an die gleichnamige Romantikkomödie mit Julia Roberts und Hugh Grant. 150 Jahre alte Reihenhäuser mit bunten Fassaden steigen da vor dem geistigen Auge auf. Bäckereien mit riesigen Schoko-Muffins sowie der Travel Bookshop, das verwinkelte Buchgeschäft mit dem knarrenden Parkettboden, in dem Hugh Grant »arbeitete«. Marktstände mit viktorianischen Kerzenständern und Teetassen von der Krönung König Edwards VIII. aus dem Jahr 1901 ziehen Sammler aus aller Welt an.

Hunderte solcher Kuriositäten schmücken »Miller's Residence«, Martin Millers gemütliches Hotel hinter einer diskreten roten Eingangstür. Es ist Ecke Ledbury Street und Westbourne Grove gelegen, in einem besonders schicken Teil des Viertels. Als »Maximalismus« bezeichnet Miller seinen ausladenden Einrichtungsstil. Er folgt damit einem viktorianischen Vorbild, demzufolge kein Millimeter Oberfläche in einem Haus unbedeckt bleiben darf.

In »Miller's Residence« lachen Cherubim von den Wänden, und unbekannte Ahnen in Galauniform betrachten gestreng das Geschehen. Schwere Brokatvorhänge sind kunstvoll vor den riesigen Fenstern drapiert, und goldene Zigarettendosen und nackte Venusstatuen zieren die Beistelltische. Sechs Doppelzimmer und

1 Jeden Samstag bietet dieser Huthändler auf dem Portobello Market seine Ware an. **2** Die putzigen Häuser von Notting Hill werden für mehrere Millionen Euros gehandelt. **3** Henry Moores Tochter Mary verkauft sanft getragene Designer-Klamotten auf Clarendon Cross. **4** Das Sun in Splendor Pub macht auf Hippie.

1 Martin Miller lässt bei der Auswahl von Antiquitäten für sein Hotel besondere Sorgfalt walten. **2** Suiten im Main House nehmen ein ganzes Stockwerk ein. **3** Das Stiegengeländer im Main House ist alt und steil. **4** Die Viktorianer hatten etwas für überladene Räume übrig; Martin Miller pflegt diese Tradition. **5** Nur solche Bonbons hatten die Viktorianer nicht. **6** Der Geist mehrerer Generationen haftet »Miller's Residence« an.

zwei Suiten umfasst das Hotel. Um die romantische Stimmung noch zu verstärken, sind alle nach englischen Dichtern benannt. Über eine steile, enge Wendeltreppe gelangen die Besucher in das »Wohnzimmer« des Hotels. Hier wird auf einem riesigen Esstisch aus Holz so lange Frühstück serviert, bis sich der letzte Gast aus dem Bett geschält hat. Prominente wie Marianne Faithfull schätzen »Miller's Residence« aufgrund seiner herzlichen Atmosphäre: Gäste, die hier nächtigten, fühlen sich, als seien sie bei Freunden zu Hause. Martin und Ioana Miller sitzen häufig mit Besuchern aus nah und fern im Wohnzimmer und halten einen gemütlichen Tratsch ab. In der Bar stehen den Gästen alle Getränke kostenlos zur Verfügung. Ob Martin Miller da nicht Angst hat, aus Haus und Hof getrunken zu werden? »Wenn jemand mit einer Flasche Wodka die Nacht auf dem Sofa verbringt, müssen wir wenigstens sein Zimmer nicht reinigen«, gibt sich der Hotelbesitzer ganz gelassen. Natürlich sieht er es gern, wenn sich die Gäste einen Gin-Cocktail mixen. Eine exklusive Marke Wacholderschnaps trägt nämlich seinen Namen. »Martin Miller's Gin« wird wie ein Malzwhisky destilliert und enthält aromatische Zusätze wie Orangen- und Zitronenschalen, Koriander, Lakritze, Zimt, Johannisbeeren und Muskatnuss. Abends erstrahlt das Wohnzimmer im Kerzenlicht, und alle Anwesenden unterhalten sich angeregt über Gott und die Welt.

Martin Miller ist jedoch nicht nur auf belanglose Plaudereien eingestellt. Deshalb gründete er die »Miller's Academy of Arts and Science« auf der Hereford Street, gleich um die Ecke vom Hotel. Dieser lediglich für Mitglieder zugängliche Club ist in einem ähnlich aufwendig dekorierten Gebäude untergebracht. Hotelgäste dürfen am Veranstaltungsprogramm natürlich teilnehmen! Bei erlesenen Speisen und edlen Weinen hören sie Scotland-Yard-Inspektor Charles Hill dabei zu, wie er gestohlene Meisterwerke von Vermeer und Goya aufspürte, und Tony Buzan erklärt seine »mind mapping«-Theorie, die auch Bill Gates in seinem kreativen Denken beflügelte. Manchmal liest Miller auch aus seinen eigenen Werken

6

vor, etwa aus dem Roman »The Wookey Hole Affair«, in dem ein Antiquitätensammler mit allen Tricks versucht, seiner Frau bei der Scheidung nichts abtreten zu müssen …

Ganz ohne Werbung kommt das »Main House« auf der Colville Road aus, ein Bed & Breakfast ganz in der Nähe von »Miller's Residence«. Die ehemalige Afrika-Forscherin und Nachtclub-Besitzerin Caroline Main vermietet in ihrem hundert Jahre alten Reihenhaus vier geräumige Zimmer, die zwar mit ausgesuchten Antiquitäten bestückt sind, aber viel schlichter erscheinen als Martin Millers opulentes Zauberschloss.

Während die Zimmer in den ersten beiden Stockwerken über ein eigenes Bad verfügen, können die zwei Räume im Dachgeschoss, die sich einen Waschbereich teilen, als Familiensuite gemietet werden. Der Umgang hier ist ebenfalls sehr familiär. Caroline Main wohnt mit ihrem Sohn im Erdgeschoss und serviert nach Wunsch Tee, Kekse und Wein. Gästen ist es auch gestattet, auf ihren Zimmern Besucher zu empfangen. Diese können die Glocke an einem separaten Eingang klingeln und werden so ohne Umweg über den allgemeinen Gästebereich eingelassen.

1

2

1 Die brasilianische Verkäuferin bei Mme. Sera gibt sich kokett. **2** Über hundert Jahre alte Drucke finden sich auf der Portobello Road. **3** The Spice Shop hat sich auf ausgefallene Gewürze spezialisiert. **4** Im Travel Book Shop finden sich Bücher für Leser jeden Alters. **5** Beim Shoppen darf ein Regenschirm nie fehlen.

Notting Hill ist als multikulturelle Gegend bekannt. In den vierziger Jahren des 19. Jahrhunderts zog die obere Mittelschicht dort in riesige Reihenhäuser ein, da sie ebenso viel Platz haben wollte wie die Aristokraten in Mayfair und Belgravia. Nach dem Ersten Weltkrieg konnte es sich die gut situierten Bürger jedoch nicht mehr leisten, ein großes Haus mit vielen Dienern zu führen. Die Gebäude wurden in Wohnungen unterteilt, und nach dem Zweiten Weltkrieg zogen viele Einwanderer aus der Karibik hierher. Über Jahrzehnte hinweg war die Gegend als verarmt verschrien. In den achtziger Jahren entdeckten dann Yuppies das Viertel und gentrifizierten es. Die Deutsche Birgit Erath kam 1990 nach London, um Wirtschaft zu studieren. Um ihren Lebensunterhalt aufzubessern, machte sie am Portobello Market einen Gewürzstand auf. Dieses Nebengeschäft ging so gut, dass sie 1995 am Blenheim Crescent abseits der Portobello Road ihren eigenen kleinen Laden eröffnete. »The Spice Shop« ist einzigartig in England: Birgit bietet 2500 Gewürze an, viele davon sehr ausgefallene Sorten, weshalb Küchenchefs aus ganz London in Birgits Geschäft pilgern. Birgit bereitet auch ihre eigenen Mischungen zu und bietet aromatische Kreationen an, die Starköche in ihren Büchern propagieren.

Außerdem gibt sie Kochkurse in dem charmanten Geschäft »Books for Cooks«, das auf der anderen Straßenseite gelegen ist. Hier informieren sich Möchtegern-Jamie-Olivers, wie sie ihren eigenen Tofu ansetzen. Der hintere Geschäftsbereich umfasst auch eine Testküche und ein charmantes Café, das mittags geöffnet ist. Besitzer Rosie Kindersley und Eric Treuille sowie ein ständig wechselnder »chef-in-residence« probieren Rezepte aus den Tausenden Kochbüchern aus, die sich in den Regalen stapeln. An Wochenenden finden kulinarische Workshops statt, bei denen die Früchte und Gemüsesorten vom Portobello-Markt verarbeitet werden.

Riesige Regenschirme, die wie Cancan-Röcke aussehen, antike Parfümflaschen mit Sprühquasten und korsettartige Spitzenblusen bietet Miss Ci aus Brasilien in dem Boudoir-Geschäft »Madame Sera«

3

4

5

auf der Lonsdale Road an. Die dunkelhaarige Schönheit ist meist in Netzstrümpfen, engen Röcken und Schuhen mit hohem Bleistiftabsatz gekleidet. So ist sie die beste Reklame für den Salon, der sich auf sinnliche Produkte für Frauen spezialisiert hat. Die mysteriöse Madame Sera agiert auch als Innenarchitektin. Für Kunden wie die Schauspielerin Patsy Kensit gestaltete sie ein Apartment im Stil der dreißiger Jahre.

Wer vom Einkaufsbummel entlang der vielen Geschäfte durstig wird, sollte im »Tea Palace« auf dem schicken Westbourne Grove einkehren. Sowohl das Ambiente wie auch alle Produkte sind ganz in Weiß und Purpur gehalten. Professionelle Teemeister beraten die Kundschaft, ob denn der First Flush Darjeeling zur Maracuja-Käsesahne-Torte passt. Beim High Tea gönnen sich schick angezogene Mütter ein Glas Champagner, während ihre Babys im Bugaboo-Kinderwagen ein Nickerchen machen.

Ein paar Straßen weiter schwingt Terence Conrans Sohn Tom den Kochlöffel. Auf der Westbourne Park Road regiert er über ein kleines Restaurantimperium. »The Cow« ist ein gemütliches Gastropub mit wahllos zusammengestelltem Mobiliar, das sich trotz seines Namens (der sich angeblich auf eine frühere Vermieterin bezieht) auf Meeresfrüchte in großen Portionen spezialisierte. »Lucky 7« ist ein kleiner Diner, in dem Leckerbissen aus der amerikanischen Küche wie Cheeseburger und Milchshakes angeboten werden. Im »Crazy Homies« kommt dagegen mexikanische Stimmung auf. Die Maischips werden täglich frisch zubereitet, und in den rohen Fischsalat Ceviche kommen Kammmuscheln, Biolachs, Ananas, Avocado und eine würzige Pico-de-gallo-Sauce.

Die ursprüngliche Einwanderergemeinschaft, die Notting Hill jahrelang sein spezielles Flair verlieh, ist noch in der Golborne Road nördlich der Portobello Road erhalten. Im Restaurant »Tagine« rauchen marokkanische Männer eine schlangenförmige Wasserpfeife, und ein freundliches »Bom día« schallt aus der »Lisboa Patisserie«. Ersteres hat sich auf sechs Arten von Lamm-Eintopf spezialisiert, Letzteres serviert die besten Eiercremetörtchen (»pastel de nata«) nördlich von Portugal. Mitten auf der Portobello Road erinnern der Feinkostladen und das Café R. Garcia & Sons daran, dass sich auch viele Spanier nach dem Bürgerkrieg 1938 hier ansiedelten.

1 Samuel Beckett wacht über das Treiben auf den Straßen. **2** Das reiche »Notting Hill Set« kann sich nette Oldtimer leisten. **3** Witzig bemalt sind manche Türen der schmalen Einfamilienhäuser. **4** In Notting Hill findet das Leben auf der Straße statt. **5** In vielen Pubs wird heutzutage thailändisches Essen angeboten.

Einige Kilometer entfernt zeichnen sich die Umrisse des monströsen Trellick Tower ab. Mit seinen 31 Stockwerken und separatem Aufzugsschacht ist Ernö Goldfingers Wohnturm aus dem Jahr 1972 ein Wahrzeichen brutalistischer Architektur.

Wenn in London ins Kino gegangen wird, dann in Notting Hill! Das »Electric Cinema« auf der Portobello Road öffnete 1911 seine Jugendstilpforten und ist somit das älteste Lichtspieltheater der Stadt. Nach einer ausgedehnten Renovierung können Besucher nun auf einem Zweiersofa Platz nehmen, ihre Füße auf einem Schemel lagern und während der Vorführung an Cocktails nippen und Tapas essen. Das Programm ist abwechslungsreich und umfasst sowohl Kassenschlager wie auch kleinere Produktionen. Während der »Electric Scream Night« dürfen nur Mütter, Väter und Babysitter mit Sprösslingen unter einem Jahr hinein. Im ähnlich opulenten »Coronet« gleich bei der U-Bahn-Station Notting Hill Gate wird am Dienstag immer nur der halbe Eintrittspreis verlangt.

Am letzten Wochenende im August verwandelt sich Notting Hill in Trinidad. Beim größten Straßenkarneval Europas tanzten im Milleniumsjahr 1,5 Millionen Menschen an den Antiquitätenläden vorbei. Der Karneval wurde 1959 als Reaktion auf Rassenunruhen ins Leben gerufen und half Immigranten, ihr kulturelles Erbe hochzuhalten. Zwei Tage lang bewegen sich leicht bekleidete Menschen in schillernden Kostümen und Federhüten rhythmisch zum Klang der trinidadischen Stahltrommeln und jamaikanischen Sound-Systeme. Ein Calypso-Monarch wird gekrönt, und der Duft von Ziegenfleisch in Currysauce und jamaikanischen Rindfleisch-Pattys weht durch die Straßen.

Der Karneval wird sonntagmorgens um sechs mit der »Jouvert«-Parade eröffnet. Da beschmieren sich Tausende Feiernde mit Schlamm und Talk und ziehen zu Soca- und Dub-Klängen durch die Straßen. Sie folgen damit einer alten Tradition. In den Kolonien wurden so zur Karnevalszeit die sozialen Unterschiede maskiert. Die Methode funktioniert bis heute: In der Menge kann man nicht unterscheiden, wer in Notting Hill in einem Townhouse für eine Million Pfund wohnt und wer sich mit einem billigeren Quartier abseits der Portobello Road zufriedengeben muss.

Notting Hill – Antiquitäten & Karneval

Sehen & Erleben
Portobello Road (Gemüsemarkt täglich im Bereich Talbot Road; billige Kleidung und junge Designermode im Bereich Westway, Freitag und Samstag; Antiquitäten samstags von 6 bis 17 Uhr.)
Notting Hill Carnival (Europas größtes Straßenfestival mit karibischer Musik am letzten Augustwochenende und am darauffolgenden Montag [Feiertag!]. Am Sonntag um 6 Uhr früh beginnt das Treiben mit der *Jouvert-Schlammparade*. Der Kinderkarneval am Sonntagnachmittag ist nicht so von Massen überlaufen wie die Parade am Montag. Nähere Informationen: www.londoncarnival.co.uk.)
Electric Cinema, Portobello Road 191 – *Notting Hill Coronet*, Notting Hill Gate 103 (renovierte Jugendstilkinos).

Übernachten
******Miller's Residence*, Westbourne Grove 111A, Tel. 0 20-72 43 10 24, Fax 0 20-72 43 10 64, www.millersuk.com, E-Mail: enquiries@millersuk.com (Opulent ausgestattetes Kleinhotel mit Gratisbar und Veranstaltungsprogramm).
**** *Portobello Hotel*, Stanley Gardens 22, Tel. 0 20-77 27 27 77, Fax 0 20-77 92 96 41, www.portobello-hotel.co.uk, E-Mail: info@portobello-hotel.co.uk (In diesem ausgeflippten Hotel ließ Johnny Depp Kate Moss ein Champagnerbad ein).
*** *The Main House*, Colville Road 6, Tel. 0 20-72 21 96 91, www.themainhouse.com, E-Mail: caroline@themainhouse.co.uk (gediegenes B&B mit großen Räumen und eigenem Bad in den meisten Räumen).

Essen & Trinken
Tea Palace, Westbourne Grove 175, Tel. 0 20-77 27 26 00 (elegantes Teehaus).
Tagine, Golborne Road 95, Tel. 0 20-89 68 80 55 (einfaches marokkanisches Restaurant mit leckeren Couscous-Speisen).
The Cow, Westbourne Park Road 89 (Tom Conrans Gastropub). *Lucky 7* (amerikanischer Diner) und *Crazy Homies* (mexikanische Taquería auf derselben Straße gehören ebenfalls ihm.)
Lisboa Patisserie, Golbourne Road 55–57, Tel. 0 20-89 68 52 42 (portugiesische Konditorei).
R. Garcia & Sons, Portobello Road 248–250, Tel. 0 20-72 21 61 19 (hervorragendes spanisches Feinkostgeschäft mit Tapasbar).

Shopping
The Travel Bookshop, Blenheim Crescent 13–15 (Das exzellente Buchgeschäft erlangte durch den Film »Notting Hill« Berühmtheit.)
The Spice Shop, Blenheim Crescent 1 (2500 Gewürze!).
Books for Cooks, Blenheim Crescent 4 (DAS Buchgeschäft für leidenschaftliche Köche!).
Chloe Alberry, Portobello Road 84 (antike Türknöpfe und Fliesen).
Madame Sera, Lonsdale Road 3 (Accessoires fürs Boudoir).
Mary Moore, Clarendon Cross 5 (Mary Moore, die Tochter von Bildhauer Henry Moore, verkauft hier Secondhand-Klamotten reicher Leute.)

U-Bahn-Stationen
Notting Hill Gate, Ladbroke Grove, Westbourne Park

1

2

3

4

Wo der Sommer beginnt

Chelsea – die »Flower Show« gibt den Auftakt zur Saison

Wenn sich die Crème de la crème Ende Mai bei Großbritanniens berühmtester Blumenshow trifft, kommt der soziale Kalender so richtig in Schwung. Während des restlichen Jahres shoppt die englische Oberschicht in Haute-Couture-Geschäften rund um den Sloane Square.

Die Sommersaison der feinen Gesellschaft Großbritanniens gilt mit der »Chelsea Flower Show« Ende Mai als offiziell eröffnet. In den weiten Gärten des barocken Royal Hospital betören Millionen Blumen unzählige Besucher mit ihrem Duft. Alte Damen in Pastell bestaunen Neuzüchtungen wie die »Princess Alexandra of Kent«, eine zart pinkfarbene Rose, die anfangs nach Tee-, dann nach Zitrone- und schließlich nach Johannisbeere riecht. Stattliche Herren im Frack komplimentieren junge Damen mit ausgefallenen Hüten. Man trinkt ein Glas Champagner und verspricht sich, einander beim Sommerfest des Herzogs von Northumberland wieder zu treffen.

Chelsea haftet ein aristokratisches Flair an. Die einfache Fischersiedlung wurde im 16. Jahrhundert als »Dorf der Paläste« bekannt. Heinrich VIII. (1491–1547) ließ hier ein Jagdschloss errichten. Obwohl die Gegend nicht allzu weit von den Machtzentren in Whitehall und Westminster entfernt war, lag sie gut versteckt hinter einer Themsebiegung.

Im 19. Jahrhundert siedelten sich auch arrivierte Künstler und Philosophen in den hübschen Gebäuden am Flussufer an. In den 1960er Jahren kam Chelsea unter jungen Menschen in Mode. Mary Quant erfand in ihrem Geschäft »Bazaar« auf der King's Road den Minirock, und Rockstars wie Mick Jagger bezogen die mit Glyzinien bewachsenen Reihenhäuser und ehemaligen Stallungen. »Very shocking« für die angestammten Bewohner des Viertels.

Mitte der siebziger Jahre war die alteingesessene Gemeinde von Chelsea jedoch vollkommen aus dem Häuschen. Auf einmal pilgerten Punks durch die Straßen und suchten nach eingerissenen Klamotten mit Sicherheitsnadeln, die ihre Stilikone Vivienne Westwood in ihrem Geschäft »Sex« auf der King's Road schneiderte. Bei der U-Bahn-Station Sloane Square kreuzten sich die Wege der igelköpfigen Anarchisten mit denen der »Sloane Rangers«. Diese konservativ gekleideten Mädchen aus gutem Hause waren an ihren

1 Wer sich bei Basia Zarzycka einen Hut kauft, muss romantisch veranlagt sein. **2** Diese Häuserzeile könnte aus Amsterdam stammen. **3** Blumen dürfen in keinem Haushalt in Chelsea fehlen. **4** Zur Weihnachtszeit leuchten die kahlen Bäume auf dem Sloane Square bunt.

1 An die guten fünfziger Jahre erinnern Accessoires von Lulu Guinness. **2** Wer eine Reise tut, braucht eine Tasche. **3** Maria Grachvogel schneidert auch Smokings für Frauen. **4** Die Klamotten im Pink-Geschäft sind nicht nur rosa. **5** Gabriela Ligenza stimmt den Regenschirm auf den Hut ab. **6** Kundinnen von Selina Blow geizen nicht mit ihren Reizen.

Perlenketten, dunkelblauen Kaschmirpullovern, weiten Röcken und flachen Lederschuhen zu erkennen. Lady Diana Spencer war eine von ihnen. Mit ihren Freundinnen beäugte sie die Kristallvasen und silbernen Fotorahmen im Kaufhaus »Peter Jones« und stellte sich wahrscheinlich vor, was sie wohl auf ihre Hochzeitsliste setzen würde, wenn sie eines Tages heiratete …

Die Punks mögen heutzutage in Musikclubs in Soho abgewandert sein. Sloane Rangers findet man aber noch immer. Mit ihren Müttern shoppen sie auf der Sloane Street und King's Road. Mehrere weibliche Modeschöpferinnen folgten dem Vorbild von Mary Quant und kreieren Bekleidung und Accessoires, die Frauen mit gehobenem Einkommen ansprechen.

In den achtziger Jahren heiratete Lulu Guinness in die berühmte Adelsfamilie ein, die sich ursprünglich mit Bierbrauen einen Namen machte. Auf der Ellis Street verkauft sie ihre witzigen Handtaschen in Form von Bonbonschachteln, Blumenkörben und der Londoner Börse. »Das beste Accessoire einer Frau ist ein gut angezogener Mann«, schreibt sie frech auf manche ihrer Taschen. Lulu Guinness erkannte einen Trend, als sie ihr Geschäft Anfang der neunziger Jahre startete. Frauen kauften nicht mehr nur alle fünf Jahre eine neue Handtasche, sondern legten sich für jeden Anlass eine zu. Ihre Kreationen werden heute im Victoria & Albert Museum verkauft und im Design Museum ausgestellt.

Lulu Guinness eröffnete 1995 gemeinsam mit Selina Blow ihren ersten Laden in der Elizabeth Street in Mayfair. Nachdem beide großen Erfolg hatten, lancierte jede von ihnen ihren eigenen Verkaufsraum auf der Ellis Street abseits der Sloane Street. Selina Blow ist dafür bekannt, dass sie bunte Stoffe mit wilden Mustern nach klassischen englischen Schnitten verarbeitet. Sie fertigt knallig bunte, doppelreihige Gehröcke aus Tweed, die Mann oder Frau wie einen Minister aus dem Kabinett Bismarcks oder Keanu Reeves im Film »Matrix Reloaded« aussehen lassen.

4

5

6

Halle Berry, Angelina Jolie, Scarlett Johannsen und Victoria Beckham zählen zu Maria Grachvogels Kundinnen. Das erklärte Ziel der Designerin ist, Frauen in Göttinnen zu verwandeln. Laut Oscar-Preisträgerin Emma Thompson umfließen Grachvogels Kleider den Körper wie Wasser. In ihrem Geschäft stellt sie ihre Couture-Kreationen wie Meisterwerke in einem Museum aus. Seidene Lingerie und schwere Pelzstolen drapiert die Designerin kunstvoll über ein knallrotes Sofa mit silbernen Beinen.

Die Doyenne der exaltierten britischen Mode führt seit über 30 Jahren ihr Geschäft auf der King's Road. In Vivienne Westwoods »World's End« gehen die Uhren jedoch etwas anders. Ein riesiger Zeitmesser an der Außenfassade läuft rückwärts und zeigt außerdem nur dreizehn Stunden an. Die Preise sind seit Punk-Zeiten bedeutend angestiegen: 60 Pfund kassiert man jetzt für ein T-Shirt. Dafür hat die eigenwillige Modequeen Vivienne Westwood von ihrer frechen Art über die Jahre nichts eingebüßt. »Für alle zum Tragen – außer für jene, die amerikanische Politik unterstützen«, steht etwa auf den T-Shirts.

Die amerikanische Regierung könnte sich tatsächlich ein Beispiel daran nehmen, wie die Briten mit ihren Veteranen umgehen. 400 von ihnen verbringen ihren wohlverdienten Lebensabend im Royal Hospital, einem Altmännerheim am Themseufer. Junggesellen müssen die »In-Pensioners« sein und über 65, dann bekommen sie ein Zimmer in Christopher Wrens imposantem Barockgebäude aus dem Jahr 1692 zugewiesen.

Dort haben sie eigene Räume, um Billard zu spielen und bowlen. In der mit Eichenholz getäfelten Great Hall nehmen sie ihre Mahlzeiten zu sich. Außerdem brauchen sie kaum mehr für ein alkoholisches Getränk in den umliegenden Pubs zu bezahlen. Wenn Touristen die hübschen Gärten des Areals besuchen, werfen sie den Veteranen in ihren roten Röcken und Dreispitzen neugierige Blicke zu. Bereitwilliger als Bobbys oder »Beefeaters« lassen sie sich auf ein Gespräch oder eine Einladung in ein Pub ein.

Um den 29. Mai feiern die Pensionisten des Royal Hospital den Tag des Gründers. In Rang und Glied versammeln sie sich um eine vergoldete Statue von Karl II. (1630–1685) und bekränzen ihn an-

1 Ob ehemalige Punks wohl in die Kirche von St. Luke's gehen?
2 Das Royal Hospital betreut Veteranen schon seit 300 Jahren.
3 Feudal glänzt die Eingangstür zu einem Haus auf der Sloane Street in der Sonne. **4** Die Veteranen vom Royal Hospital sind stolz auf ihr Erbe.
5 Ein homosexuelles Paar feiert seine Lebenspartnerschaft vor dem Rathaus von Chelsea. **6** Die Kirche Holy Trinity ist ein Jugendstiljuwel.

schließend mit Eichenblättern. Der Stuart-König gab den Auftrag zum Bau des Hospizes. Diese traditionsreiche Handlung erinnert an die Schlacht von Worcester im Jahr 1651. Damals versteckte sich Karl II. vor seinen puritanischen Gegnern in einem Eichenbaum und entkam so einem grausamen Schicksal.

Neben dem Royal Hospital liegt der Chelsea Physic Garden. Nach dem botanischen Garten in Oxford ist er der zweitälteste in Europa. Die Apothekerinnung ließ ihn 1673 anlegen, um mehr über die heilende Wirkung von Blumen und Kräutern herauszufinden. Im Garten der Weltmedizin wurden Pflanzen verschiedener Völker und Stämme zusammengestellt. In den gepflegten Beeten wachsen sogar tödliche Gewächse wie die Tollkirsche!

Der Chelsea Physic Garden wird heutzutage von einer großen Mauer abgeschirmt, auf deren anderen Seite eine Schnellstraße dem Flussufer folgt. Als der Romancier Henry James (1843–1916) gegen Ende seines Lebens in einem Rollstuhl den Cheyne Walk in der Nähe des botanischen Gartens entlangfuhr, war die Gegend noch ein Idyll. James selbst bewohnte eines der stattlichen Häuser auf Nummer 21. Der Cheyne Walk ist auch heute noch eine exklusive Adresse und übersät mit dunkelblauen ovalen Keramikschildern. Wenn ein englisches Schulkind daran vorbeigeht, weiß es, dass eine wichtige historische Person in dem Haus lebte: die wortgewaltige Autorin George Eliot (1819–1880) auf Nummer 4 und der Maler James McNeill Whistler (1834–1903) zu verschiedenen Zeiten seines Lebens auf Nummer 21, 96 und 101.

Weite Teile von Chelsea gehören immer noch dem Earl von Cadogan. Einige Straßen, Gassen und Plätze sind nach dieser 300 Jahre alten gräflichen Familie benannt. Sie erbten die Besitztümer von dem für seine Zeit berühmten Arzt Hans Sloane (1660–1753), der mit seinem Kuriositätenkabinett den Grundstein für das British Museum legte.

Das Cadogan Hotel trägt zwar den Namen des Adelsgeschlechts, hat aber engere Verbindungen zu zwei anderen historischen

5

6

4

Persönlichkeiten. Das Hotel war ursprünglich das Heim von Lillie Langtry (1853–1929), einer gefeierten Schauspielerin und Geliebten von König Edward VII. (1841–1910). In dem Cadogan Hotel gibt es auch eine Suite, die nach dem Monarchen benannt wurde und mit ihrem Mobiliar an die legendäre Liebesaffäre erinnert. Die Betten sind mit Decken aus dunklem Paisleymuster überzogen, und ein Schreibtisch mit Goldrändern steht vor dem Fenster, aus dem man einen herrlichen Ausblick über den Privatpark des Hotels auf dem Cadogan Square hat. Edward VII. hätte nicht gewusst, was er mit modernen Geräten wie einem DVD-Spieler anfangen soll. Für Besucher von heute steht diese Technologie natürlich zur Verfügung.

Im Cadogan Hotel fand auch ein Ereignis statt, über das 1895 auf der ganzen Welt gesprochen wurde. Bühnenautor und Dichter Oscar Wilde (1854–1900), ein guter Freund von Lillie Langtry, wurde wegen homosexueller Vergehen in der Suite Nummer 118 verhaftet. Er kam daraufhin ins Gefängnis und starb zur Jahrhundertwende verarmt in Paris. Die Suite blieb im Stil der Zeit erhalten. Sie könnte einem Zimmer aus dem Haus von »Dorian Gray«

1

2

3

entsprungen sein. Das fratzenhafte Porträt fehlt jedoch glücklicherweise.

Das Schwesterhotel des Cadogan Hotel befindet sich ein paar Häuser weiter in der Sloane Street. Das »Durley House« ist ein Suitenhotel in einem prachtvollen Gebäude aus dem 18. Jahrhundert. Alle Suiten umfassen ein oder zwei Schlafzimmer sowie Wohnzimmer, Küche und Badezimmer. Sie sind mit Antiquitäten, Marmorkaminen und feinen Drucken bestückt. In der Piano-Suite steht sogar ein Blüthner-Flügel. Hotelgäste erhalten einen Schlüssel zum Privatgarten, der einen Spielplatz sowie zwei Tennisplätze umfasst.

Die königliche Familie von Dubai besitzt eine große Anzahl von Grundstücken und Gebäuden westlich der Sloane Street. Eine Zweigstelle der Dubai Nationalbank findet sich hier sowie das Jumeirah Carlton Tower Hotel, das mit 220 Zimmern eines der größten Hotels in der Gegend ist. Für zahlreiche Familien aus den Vereinigten Arabischen Emiraten ist das Jumeirah Carlton Tower Hotel die erste Adresse in London. Ein Hauch vom Persischen Golf weht in der Poollandschaft des Hotels. Echte Palmen umrahmen den 20 Meter langen Pool im verglasten Dachgeschoss des neunten Stocks. Ob die Gäste nun auf dem Golfsimulator einen der 62 Kurse spielen oder eine Pilates-Stunde besuchen, immer genießen sie die Aussicht über Chelsea und Knightsbridge.

Tropisch eingerichtet ist auch eines von Londons besten indischen Restaurants, das »Chutney Mary«. Hier trifft man Großbritanniens Starkoch Gordon Ramsey an, wenn er sich eine Pause von der Arbeit in dem nach ihm benannten und mit drei Michelin-Sternen ausgezeichneten Top-Restaurant auf der Royal Hospital Road gönnt. Im Gegensatz zu den vielen Curry-Häusern in der Stadt serviert »Chutney Mary« Gerichte aus sechs verschiedenen Regionen des Subkontinents. Für jede Speise werden die Gewürze erst kurz vor der Zubereitung gemahlen.

Eine besondere Spezialität des Hauses ist die Lammsuppe »Shorba«. Sie kommt im Suppentopf mit einer Brotkruste. Sticht man einmal durch die Teigdecke, dringt ein appetitanregendes Aroma von kräftiger Brühe, Muskatblüte, Koriander und Safran empor. In ländlichen Gegenden Indiens wird diese Suppe am Vorabend über einem Holzfeuer zubereitet und am nächsten Tag gut in einem Tuch eingewickelt aufs Feld mitgenommen. Extravagant ist eines der Hühnergerichte: Hier kommt sogar ein echtes Silberblatt hinein. Dieses Gericht wurde früher auf diese Art für Maharadschas zubereitet. Für das »Dorf der Paläste« also genau das Richtige …

1 Die Rezeptionistinnen im Cadogan Hotel lächeln immer so freundlich. **2** In einem seiner Zimmer wurde Oscar Wilde wegen Unzucht in Polizeigewahrsam genommen. **3** Für den Restaurantbesuch auf der Fulham Road braucht man einen Porsche. **4** Die Cappuccinosucht grassiert auch in Großbritannien.

Chelsea – Nicht nur Fußball!

Sehen & Erleben

Royal Hospital, Royal Hospital Road. Tel. 0 20-78 81 52 00, www.chelsea-pensioners.co.uk (Heim für Kriegsveteranen in einem imposanten Barockbau von Christopher Wren aus dem Jahr 1692. Führungen durch Kapelle und Speisesaal. Ende Mai findet hier die »Chelsea Flower Show« statt. Eintrittskarten am besten schon im Herbst anfordern unter www.keithprowse.com.)
Chelsea Physic Garden, Royal Hospital Road 66, Tel. 0 20-73 52 56 46, www.chelseaphysicgarden.co.uk (Londons »geheimer Garten« seit 1673. 5000 Pflanzenarten).
Chelsea Football Club, Fulham Road, Tel. 0 20-79 51 29 51. www.chelseafc.com (Eigentlich nicht in Chelsea, sondern über der Bezirksgrenze in Fulham gelegen. Ausgezeichnetes Museum über die Geschichte des Clubs. Hotel im riesigen Stadionkomplex integriert: www.millenniumhotels.co.uk.)
Chelsea Antiques Fair (Findet Mitte September in der Chelsea Old Town Hall auf der King's Road statt.)

Übernachten

*****Cadogan Hotel*, Sloane St. 75, Tel. 0 20-72 35 71 41, Fax 0 20-72 45 09 94, www.cadogan.com (Spielwiese von Edward VII. und Oscar Wilde).
******Durley House*, Sloane St. 115, Tel. 0 20-72 35 55 37, Fax 0 20-72 59 69 77, www.durleyhouse.com (exklusives Suitenhotel mit eigenem Tennisplatz gleich vor der Tür).
*****Jumeirah Carlton Towers*, Cadogan Place, Tel. 0 20-72 35 12 34, Fax 0 20-72 35 91 29, www.jumeirahcarltontower. com (De-Luxe-Hotel der Dubaier Gruppe).

Essen & Trinken

Chutney Mary, King's Road 535, Tel. 0 20-73 51 31 13 (authentische indische Gerichte aus sechs Regionen auf höchstem Niveau).
Cheyne Walk Brasserie Cheyne Walk 50, Tel. 0 20-73 76 87 87 (Französisches Restaurant mit Blick auf die Albert Bridge, die am Abend besonders schön erstrahlt.)
Gordon Ramsey, Royal Hospital Road 68–69, Tel. 0 20-73 52 44 41 (Einer von Londons Gourmettempeln im Besitz des streitbaren Küchenchefs.)

Ausgehen

Apartment 195, King's Road 195 (Weinbar in einer alten Wohnung. Attraktive Bardamen!).

Shopping

Peter Jones, Sloane Square (Das wichtigste Kaufhaus für konservative »Sloane Rangers«).
World's End, Vivienne Westwood, King's Road 430.
Lulu Guinness, Ellis St. 3 (Handtaschen mit witzigen Sprüchen).
Selina Blow, Ellis St. 1 (Kleider und Mäntel auf knalligen Stoffen im klassischen englischen Format).
Maria Grachvogel, Sloane St. 162 (Kleider für Göttinnen).
Bamford & Sons, Sloane Square 31 (Bekleidung für junge und etwas ältere Gentlemen. Elektronische Geräte und Uhren in limitierter Stückzahl).

U-Bahn-Station

Sloane Square

Der Queen Mary's Rosengarten im Regent's Park.

Zu Gast in London

Praktische Reiseinformationen

Zu Gast in London

Praktische Reiseinformationen

Anreise

Vom Flughafen Heathrow führt die Piccadilly-U-Bahn-Linie direkt in das Zentrum der Stadt. Die U-Bahn Station ist auch mit einem Rollkoffer bequem zu erreichen, denn der Gang zum Gleis hat keine Stufen. Wer es noch einfacher (jedoch teurer) haben will, kann den Zug »Heathrow Express« bis zum Bahnhof Paddington Station nehmen. Er verkehrt alle 15 Minuten und erreicht sein Ziel in 15 bis 22 Minuten, je nachdem von welchem Terminal man wegfährt.
Vom Flughafen Gatwick führt die Zuglinie »Gatwick Express« alle 15 Minuten zur Victoria Station, wofür man etwa 30 Minuten einplanen muss.
Vom Flughafen Stansted erreicht man mit dem »Stansted Express« den Londoner Bahnhof Liverpool Street innerhalb von 42 Minuten. Die Züge verkehren jede halbe Stunde.
Der Flughafen Luton ist per »First Capital Connect«-Zug an den Bahnhof King's Cross St. Pancras angebunden. Die Fahrzeit

beträgt 35 Minuten. Vom Flughafen verkehrt ein kostenloser Shuttlebus zum Bahnhof Luton Airport Parkway. Die Fahrt dauert fünf Minuten, der Bus fährt alle 15 Minuten.
Bahnkarten für alle Airportzüge und -busse ersteht man preisgünstiger online: www.heathrowexpress.com, www.gatwickexpress.com, www.stanstedexpress.com, www.firstcapitalconnect.co.uk.

Unterwegs in der Stadt

Wer sich weniger als eine Woche in der Stadt aufhält, sollte jeweils U-Bahn-Tageskarten für die Zonen 1 und 2 kaufen, mit denen man unbegrenzt im Stadtkern und den unmittelbar anschließenden Gebieten herumfahren kann. Wer eine Woche oder länger in London verweilt, sollte sich eine Oyster Card besorgen. Diese kostet drei Pfund und berechnet den jeweils günstigsten Fahrpreis (das Londoner U-Bahn-System ist sehr kompliziert!). Die Oyster Card kann auch in Bussen benutzt werden. Wer London noch nicht kennt, sollte einmal in die Buslinie 11 steigen. Sie fährt an den wichtigsten Sehenswürdigkeiten im Stadtzentrum vorbei, etwa dem Trafalgar Square, Houses of Parliament, der Westminster Abbey und St. Paul's Cathedral.

1 George Michael rockt auf einem Doppeldecker. **2** Wer hätte gedacht, dass London auch einen venezianischen Teil hat? **3** Sherlock Holmes wacht über das Rauchverbot in der U-Bahn. **4** Das Clarence Pub befindet sich in der Nähe des Buckingham Palastes.

Taxis sind in der Regel teuer, doch es rentiert sich, wenn mehrere Personen sich den Fahrpreis teilen. In ihrem großen Passagierraum finden vier Leute mit drei großen Reisetaschen bequem Platz. Taschen können unter Klappbänken leicht verstaut werden.

Geführte Touren durch London

Offene Doppeldeckerbusse von »The Original London Sightseeing Tour« fahren an allen wichtigen Sehenswürdigkeiten vorbei. Tickets sind 24 Stunden gültig. Touristen können bei den Haltestellen entlang der verschiedenen Routen beliebig oft ein- und aussteigen. Die Führung wird auf Englisch gehalten, ist per Audiogerät jedoch auch auf andere Sprachen einstellbar. Vergünstigte Tickets sind auf www.theoriginaltour.com erhältlich.
Bootstouren veranstaltet das Unternehmen »City Cruises« (www.citycruises.com). Die Route führt von der Westminster Abbey bis nach Greenwich, vorbei am London Eye, der Tate Modern, dem Globe Theatre, der St. Paul's Cathedral, Tower Bridge und Canary Wharf. Passagiere können an verschiedenen Haltestellen ein- und aussteigen. Die kürzeste Tour dauert 20 bis 30 Minuten, die längste zweieinhalb Stunden.
Die besten Stadtspaziergänge veranstaltet »London Walks« (www.walks.com). Professionelle Schauspieler sowie Shakespeare-, Oscar Wilde-, Jack the Ripper- und Beatles-Experten führen zu den geheimen Winkeln der Stadt. Auch Einheimische schließen sich den Gruppen gern an. Wer gut Englisch spricht, wird auf diesen anekdotenreichen Führungen sehr viel erfahren. Sie finden 365 Tage im Jahr statt. Die Pub-Walks am Samstagabend sind besonders unter Singles beliebt.

London mit Kindern

Einige der großen Hotels wie das »Ritz« haben einen »Teen Concierge« eingeführt, der Jugendlichen die besten Tipps zum Stadtprogramm gibt. Die Hotels der »Firmdale«-Gruppe (Charlotte Street Hotel, Haymarket Hotel, Soho Hotel, Covent Garden Hotel, The Pelham, Knightsbridge Hotel, Number Sixteen) lassen sich je nach Alter der jugendlichen Gäste nette Überraschungsgeschenke einfallen.
Kinder jeden Alters werden sich auf dem London Eye und in dem in der Nähe gelegenen London Aquarium wohl fühlen (www.londonaquarium.co.uk). Blutrünstige Teenager sollten dem London Dungeon, einem Folter- und Mördermuseum beim Borough Market, einen Besuch abstatten (www.thedungeons.com). Besonders die Kleinen sind beeindruckt, wenn sie mit einem Fahrzeug der »London Duck Tours« auf Abenteuerreise gehen. Diese sind nämlich amphibisch und fahren direkt von der Straße ins Wasser (www.londonducktours.co.uk).

Do's & Don'ts

- Die Wachen vor dem Buckingham Palast sind eigentlich ganz schön zu bemitleiden, wenn sie mit ihren dicken Bärenfellmüt-

3

zen auch im Hochsommer stramm stehen müssen. Neben ihnen kann man sich für ein Foto sogar jeden Blödsinn erlauben: Zunge rausstrecken, mit Hasenohren wackeln oder Grimassen schneiden. Nie werden sie eine Miene verziehen. Nur eines darf man nicht – sie berühren.
- Wer nicht in eine heikle Debatte hineingezogen werden will, vermeidet es tunlichst, mit den Briten über den Zweiten Weltkrieg zu sprechen.

Medizinische Notversorgung
Gegen Vorlage der europäischen Krankenversicherungskarte kann man die Notfallambulanzen in London in Anspruch nehmen. Auf jeden Fall empfiehlt sich der Abschluss einer privaten Auslandsreise-Krankenversicherung, da die nationale Krankenversicherung nicht für Rücktransporte aufkommt.
Krankenhäuser in London:
- Charing Cross Hospital, Fulham Palace Road, U-Bahn: Hammersmith.
- Chelsea & Westminster Hospital, 369 Fulham Road, U-Bahn: South Kensington, dann Bus 14 oder 211.
- Guy's Hospital, St. Thomas St., U-Bahn: London Bridge.
- Royal Free Hospital, Pond St., U-Bahn: Belsize Park.
- Royal London Hospital, Whitechapel Road, U-Bahn: Whitechapel.
- University College Hospital, 253 Euston Road, U-Bahn: Euston Square.

Sicherheit
Seit dem 7.7. 2005 wissen wir, dass fanatische Moslems auch vor London nicht haltmachen. Terror ist in London jedoch nichts Neues. Von den späten sechziger Jahren bis in die neunziger Jahre versetzte die IRA London in Angst und Schrecken. Um das Finanz- zentrum in der Londoner City waren sogar Barrikaden errichtet, die selbst heute noch an manchen Stellen erkennbar sind. London setzt deshalb auf Fernsehüberwachungskameras: Wie in keiner anderen Stadt auf der Welt regiert hier »Big Brother«. Pro Tag kann man damit rechnen, 300-mal filmisch festgehalten zu werden. »Smart CCTV«-Anlagen helfen dabei, auffällige Verhaltensmuster in Menschenmassen zu identifizieren und eine automatische Gesichtserkennung durchzuführen. Allerdings läuft man wohl eher Gefahr, bei einem Autounfall zu Schaden zu kommen als bei einem Terroranschlag.

Günstiges Essen
Ein Mittag- oder Abendessen in einem Londoner Restaurant kann ein ganz schönes Loch in die Geldbörse reißen. In der Stadt gibt es allerdings mehrere nett gestylte Kettenrestaurants, die gutes Essen servieren. »Tas« hat sich auf die türkische Küche spezialisiert, »Masala Zone« auf die indische, »Wagamama« auf die asiatische, »Ping Pong« auf chinesische Dim-Sum-Häppchen und »Le Café du Marché« auf französische Bistrokost.

Afternoon Tea
Die berühmten »Afternoon Teas« werden heutzutage hauptsächlich in den großen Hotels und exklusiven Kaufhäusern wie »Harrods« und »Liberty« serviert. Der kulinarisch interessanteste Gaumengenuss findet im Savoy Hotel statt, im Ritz Hotel der traditionellste. Das Four Seasons Hotel in Mayfair reicht zu seinen Teespezialitäten auch erlesenen Roederer Champagner. Besonders am Wochenende empfiehlt sich eine Reservierung. Jeans und Tennisschuhe sind nicht erwünscht.
2007 eröffnete »Shipp's Tearooms« gleich um die Ecke vom pittoresken Borough Market (Park St. 4, Tel. 020-74072692). Das Lokal ist ganz in Weiß gehalten und mit antiken Teekannen und Tassen bestückt. Herrliche Biskuitkuchen und Schokoladetorten zu feinen Tees!

Pubs
In der Stadt der Pubs fällt die Qual der Wahl schwer. Viele von ihnen sind so gut auf alt gemacht, dass man sich sofort in die Zeit von Charles Dickens zurückversetzt fühlt. In den letzten zehn Jahren hat eine wahre Gastropub-Welle die Stadt ergriffen. Köche servieren jetzt kulinarisch anspruchsvolle Gerichte. Manche traditionellen Pubs haben im ersten Stock einen Speisesaal, in dem sie thailändische Speisen zubereiten. Pubs sind normalerweise von 11 Uhr vormittags bis 11 Uhr abends geöffnet.
In den folgenden Pubs herrscht eine hervorragende Atmosphäre:
- »Red Lion« (Parliament St. 48, U-Bahn: Westminster) Treffpunkt für Parlamentsabgeordnete.

4

- »Red Lion« (Duke of York St. 2, U-Bahn: Piccadilly Circus) Echtes viktorianisches Pub mit kunstvoll geschliffenen Spiegeln.
- »Guinea« (Bruton Place 30, U-Bahn: Bond Street) Pub in einem ehemaligen Kutscherhaus. Exzellente Steak-and-Kidney-Pies.
- »Ye Grapes« (Sheperd Market 16, U-Bahn: Hyde Park Corner) Gute Auswahl an Bieren. An einem romantischen Platz in Mayfair gelegen.
- »O'Conor Don« (Marylebone Lane 88, U-Bahn: Bond Street) Pub mit hervorragendem Guinness und irischer Küche.
- »Argyll Arms« (Argyll St. 18, U-Bahn: Oxford Circus) Echtes viktorianisches Pub mit netten architektonischen Akzenten.
- »Dog & Duck« (Bateman St. 18, U-Bahn: Leicester Square) Kleines viktorianisches Pub mit guten Ales. Treffpunkt für Jazzmusiker.
- »The Hope« (Tottenham St. 15, U-Bahn: Goodge Street) Berühmt für seine guten Würste.
- »Jerusalem« (Rathbone Place 33-34, U-Bahn: Tottenham Court Road) Kristalllüster, Samtvorhänge und DJ-Musik.
- »Coal Hole« (Strand 91, U-Bahn: Charing Cross) Jugendstilpub, unter Schauspielern sehr beliebt.
- »Lamb & Flag« (Rose St. 33, U-Bahn: Leicester Square) Der Dichter John Dryden kam bereits im Jahr 1679 in dieses atmosphärische Pub.

I

- »Blackfriar« (Queen Victoria St. 174, U-Bahn: Blackfriar) Original erhaltenes Jugendstilpub aus dem Jahr 1905 mit phantastischem Mönchsmosaik am Eingang.
- »Ye Old Mitre« (Ely Court 1, U-Bahn: Farringdon) Pub aus dem Jahr 1546. Wurde im 18. Jahrhundert restauriert.
- »Anchor Bankside« (Park St. 34, U-Bahn: London Bridge) Pub aus dem Jahr 1770 mit Terrasse und Blick auf die Themse.
- »Grenadier« (Wilton Row 18, U-Bahn: Knightsbridge) Das Lieblingspub des Herzogs von Wellington, mit Säbeln und Pistolen an den Wänden. Der Zinntresen ist noch original erhalten. Schmackhafte Bloody Marys.
- »Market Bar« (Portobello Road 240a, U-Bahn: Ladbroke Grove) Pub für Bohemiens und Antiquitätenhändler.

Nachtclubs

- »Pigalle Club« (Piccadilly 216, U-Bahn: Piccadilly Circus) Nachtclub im Stil der vierziger Jahre. Hier feierte Prince nach seinen Megakonzerten im Sommer 2007 seine After-Partys.
- »Kabaret Prophecy« (Beak St. 16-18, U-Bahn: Piccadilly Circus) Exklusiver Club mit futuristischem Design und kristallbesetzter Bar.
- »Boujis« (Thurloe St. 43, U-Bahn: South Kensington) Hier verbringen Prinz William und Harry gern die Nacht.
- »Isis« (Dover St. 50, U-Bahn: Green Park) Nordafrikanisch inspirierte Disco gegenüber dem Hotel Ritz.
- »Bar Rumba« (Shaftesbury Avenue 36, U-Bahn: Piccadilly Circus) Bester Club mit lateinamerikanischer und Hip-Hop-Musik.

Hotels

Die französische Apartment-Hotelkette Citadines hat auch in London einige Niederlassungen eröffnet: Die Drei-Sterne-Suiten mit Küche und Bad sind modern eingerichtet, bieten bis zu vier Personen Platz und können relativ preisgünstig gemietet werden (www.citadines.com/uk/london).
Die Epoque-Hotelgruppe hat Europa von Miami aus in den letzten Jahren im Sturm erobert. In London vertritt sie mehrere Luxus-Boutique-Hotels im exklusiven Knightsbridge, in South Kensington und Chelsea: Dazu gehören das mit Antiquitäten bestückte San Domenico House Hotel, das romantische Ashburn Hotel, das modern gestylte Beaufort Hotel Knightsbridge und das K West Hotel & Spa, das über einen schicken Wellnessbereich verfügt: www.epoquehotels.com.
Die spanische Stein-Gruppe ist in London ebenfalls mit mehreren Boutique-Hotels vertreten: »The Cranley« ist in der Nähe der großen Museen in South Kensington gelegen und in Abstimmung mit Originalfliesen aus dem 19. Jahrhundert in Blau-, Senf- und Pflaumentönen gehalten. Frühstück und Afternoon Tea sind im Zimmerpreis inbegriffen: http://cranley.steinhotels.com. Das »Royal Park« liegt in der Nähe des Hyde Parks, wobei jedes der romantischen Zimmer über einen eigenen Wohnbereich verfügt: http://royalpark.steinhotels.com.

Bed & Breakfast

Susanne Weichselbergers London Bed & Breakfast Agentur vermittelt nicht nur handverlesene Unterkünfte im Heim von Londonern, sondern auch Gästezimmer, Apartments und preisgünstige Hotels. Die Agentur organisiert außerdem Theaterkarten von Deutschland aus: www.bed-breakfast.de

Veranstaltungsinformationen

Das Wochenmagazin »Time Out« bietet das detaillierteste Informationsprogramm für alle Veranstaltungen, von Konzerten über Theater zu Kino und geführten Stadtrundgängen. Die Gratis-U-Bahn-Zeitung »Metro« enthält ein etwas kürzeres Tagesprogramm. Beide Zeitungen erscheinen nur auf Englisch.

Stadtkalender

Januar:
Das neue Jahr wird von Feuerwerken und Menschenmassen am Trafalgar Square begrüßt. Wenn Big Ben am 1.1. die Mittagsstunde einläutet, setzt sich die »London Parade« in Bewegung. An diesem Umzug nehmen Tausende Musiker und Straßenkünstler teil sowie ein Elefant und ein Feuer speiender Drache. Sie alle marschieren vom Parliament Square zum Berkeley Square. Tribünentickets können auf www.londonparade.com gebucht werden.
Die »London Art Fair« ist eine der größten Kunstmessen in ganz Europa. Sie findet im Business Design Centre von Islington statt (www.londonartfair.co.uk). Über 100 Galerien für moderne Kunst nehmen daran teil.
Das chinesische neue Jahr wird Ende Januar/Anfang Februar in Chinatown, einem in Soho eingebetteten Viertel, mit viel Lärm begrüßt.
Februar:
Am Faschingsdienstag (Ende Februar/Anfang März) finden in der ganzen Stadt »pancake races« statt. Bei diesen Wettläufen werfen die Teilnehmer im Laufen Pfannkuchen in die Luft. Am Spitalfields Market, in Covent Garden und in Lincoln's Inn Fields ist es besonders lustig.
März:
Das »Oxford & Cambridge Boat Race« zwischen den beiden Eliteuniversitäten findet schon seit 1829 statt. Die Route führt von Putney nach Mortlake (www.theboatrace.org).
Das »London Lesbian & Gay Film Festival« gilt als eines der besten auf der ganzen Welt. Es findet im National Film Theatre statt (www.llgff.org.uk).
April:
Am »Flora Marathon« nehmen manche Läufer in Verkleidung teil (www.london-marathon.co.uk)! Die Route verläuft von Greenwich nach Westminster.
Beim »London International Theatre Festival« (www.liftfest.org.uk) nehmen Schauspielgruppen aus der ganzen Welt teil.
Mai:
Bei der »Royal Windsor Horse Show« (www.royal-windsor-horseshow.co.uk) haben Besucher Gelegenheit, einmal im Jahr die Privatgärten der Königin zu bewundern. Während des fünftägigen Festivals finden Dressur-, Polo- und Springreitwettbewerbe sowie Wagenrennen statt.
Die »Chelsea Flower Show« ist die berühmteste und feinste Blumenausstellung auf der ganzen Welt (www.rhs.org.uk/chelsea).
Juni:
Bei der Sommerausstellung der Royal Academy werden bis August 1000 Werke von Künstlern aus ganz Großbritannien gezeigt (www.royalacademy.org.uk).

»Trooping the Colour« ist eine Militärparade zum offiziellen Geburtstag der Queen, der mit viel Pomp am Paradeplatz bei der Pferdewache in Whitehall abgehalten wird. Die Generalprobe findet am Samstag zwei Wochen vor dem Termin von »Trooping the Colour« statt. Für beide Veranstaltungen sind Eintrittskarten erforderlich (www.trooping-the-colour.co.uk).
Während der »architecture week« finden viele Veranstaltungen und Ausstellungen statt (www.architectureweek.org.uk).
Federer & Co. sind von Ende Juni bis Anfang Juli in Aktion zu bewundern (www.wimbledon.org). Wer sich für dieses Event Eintrittskarten besorgen will, muss sich im August online ein Antragsformular herunterladen, das bis zum 31. Dezember eingeschickt werden muss: Nähere Informationen unter http://aeltc.wimbledon.org/en_GB/about/tickets/ballot.html.
In den historischen Gebäuden der Londoner City, dem Finanzzentrum der Stadt, findet von Ende Juni bis Anfang Juli ein Kulturfestival statt. Viele klassische Konzerte und Partnerevents mit Künstlergruppen aus anderen Ländern stehen auf dem Programm (www.colf.org).

Juli:

Londons »gay community« veranstaltet die wohl bunteste Parade im ganzen Jahr: www.pridelondon.org.
Die »Hampton Court Flower Show«: Die Gärten des Renaissance-Palastes zieren Abertausende von Blumen (www.rhs.org.uk/hamptoncourt).
In der dritten Juliwoche führt die englische Krone eine Zeremonie durch, die bis ins 12. Jahrhundert zurückgeht. Beim »Swan upping« zwischen den Dörfern Sunbury und Abingdon werden Jungschwäne gezählt und markiert. Im Mittelalter landeten sie danach auf der Tafel des Königs. Diese Tradition blieb bis heute glücklicherweise nicht erhalten: http://www.royal.gov.uk/OutPut.
In Greenwich und den Docklands finden jedes Wochenende Tanz-, Theater- und Musikveranstaltungen entlang der Themse statt: www.festival.org.
Die »BBC Promenade Concerts« (»The Proms«) sind eine viel geliebte klassische Konzertreihe in der Royal Albert Hall, die im Juli und August stattfinden. Vor Besuch des Konzerts setzen sich viele Musikliebhaber zu einem Picknick im Hyde Park zusammen. Die Konzerte selbst sind recht günstig. Aus dem Parkettbereich wurden alle Sessel entfernt und in Stehplätze verwandelt. Dort sitzt, liegt und träumt die Zuhörerschaft. Abgesehen von Konzerten mit Starbesetzung sind Eintrittskarten an der Abendkasse erhältlich (www.bbc.co.uk/proms).
Junge Leute aus aller Welt finden sich zum »Rise festival« gegen Rassismus im Finsbury Park ein. Alle Hip-Hop-, Reggae- und Indie-Konzerte sind gratis (www.risefestival.org).

August:

»Notting Hill Carnival«: Die Gegend um die Portobello Road gehört während dieses Karnevals Ende August wieder den Einwanderern aus der Karibik (www.londoncarnival.co.uk).

2

Beim »Great British Beer Festival« werden Gerstensäfte aus verschiedenen Regionen des Vereinigten Königreiches vorgestellt und verkostet (www.gbbf.org).

September:

Beim »Thames Festival« verwandelt sich die Gegend zwischen Westminster und Tower Bridge in einen einzigen Vergnügungspark (www.thamesfestival.org).
Das Bootswettrennen »Great River Race« findet entlang des gesamten Themseverlaufs in London statt (www.greatriverrace.co.uk).

3

Beim »London Open House« am letzten Wochenende im September werden die Besucher zu 600 historischen und modernen Gebäuden zugelassen, zu denen ihnen normalerweise der Zutritt verwehrt ist (www.londonopenhouse.org).

Oktober:

Beim »Costermongers' Pearly Harvest Festival Service« am ersten Sonntag im Oktober versammeln sich viele Cockneys (Angehörige der Arbeiterklasse in Zentrallondon) in ihren Perlmuttgewändern um 15:00 Uhr bei einem Gottesdienst in der Kirche St. Martin's-in-the-Field am Trafalgar Square.
Superstars aus der Filmszene kommen zum »London Film Festival« (www.bfi.org.uk/whatson/lff).

November:

Bei der Parlamentseröffnung Anfang November fährt die Königin in einer goldenen Kutsche durch die Stadt und besucht das Oberhaus.
Ganz London erinnert sich an Guy Fawkes, jenen Katholiken, der am 5. November 1605 versuchte, die Parlamentsgebäude in die Luft zu sprengen. Feuerwerke steigen und Guy-Fawkes-Puppen werden auch heute noch an öffentlichen Plätzen verbrannt.

Dezember:

Advent in London: Den Trafalgar Square ziert ein riesiger Weihnachtsbaum. Bei dem Weihnachtsmarkt »Frost Fair« entlang der South Bank geben Adventssänger ihr Bestes. Besucher wärmen sich bei Glühweinständen und in einem mongolischen Jurte-Zelt auf.

Sightseeing für drei Tage:
Westminster & Whitehall – Oxford & Regent Street – Mayfair - Soho – Covent Garden – Bloomsbury
Sightseeing für vier Tage:
Zusätzlich Marylebone – Holborn – City
Sightseeing für fünf Tage:
Zusätzlich Holborn – City – Knightsbridge – South Kensington

1 Auch Hochwürden schätzt einen starken Mokka. **2** In Ronnie Scott's geht jede Nacht die Post ab. **3** Modern und gediegen ist die Suite des Threadneedle Hotels.

Register

Personen

Lucinda Rooney erlernte ihr Handwerk in Kew Gardens

Ardeshir Vakil beschreibt London in seinen literarischen Werken

Yoko Ono muss die Eintracht der Beatles immer stören!

Sehenswürdigkeiten

Hotels

Die Autorin:
Karin Hanta, gelernte Dolmetscherin, spricht fünf Sprachen fließend. Deshalb publiziert sie nur über Länder, in denen eine gute Unterhaltung zustande kommt. Von ihrem Heimatstandort in Neuengland aus besucht sie Nord- und Südamerika sowie den europäisch-angelsächsichen Raum und deutsch- und französischsprachige Länder. Sie veröffentlicht in Zeitschriften wie »Abenteuer und Reisen« und dem österreichischen »Diners Club Magazin« sowie in Buchverlagen.

Der Fotograf:
Christian Heeb, 1962 geboren, ist einer der erfolgreichsten Reisefotografen weltweit. Seine Fotos und Bildreportagen erscheinen in Magazinen wie »Abenteuer & Reisen«, »Animan« und »Grands Reportages«. Er ist Bildautor von über 100 Büchern und unzähligen Kalendern. Christian Heeb lebt auf einer Ranch in Bend, Oregon (USA). Er wird in Deutschland durch die Agentur laif in Köln vertreten. Seine Bilder werden international publiziert und ausgestellt. Mehr unter: www.heebphoto.com.

Einbandfotos:
Vorderseite: Sherlock Holmes Museum (großes Bild); Schild vor dem Sherlock Holmes Museum, das neue Rathaus von London, Madame Sera in ihrem Boudoir-Geschäft (oben, von l. nach r.).
Vordere Klappe: Lucinda Dickens Hawksley im Dickens House Museum.
Rückseite: Blick vom London Eye.

Bildnachweis:
Karin Hanta: S. 165, 191; Lucinda Rooney: S. 190. Alle anderen Fotografien: Christian Heeb.

Die Karte auf der Umschlaginnenklappe zeichnete Astrid Fischer-Leitl, München

Alle Angaben dieses Bandes wurden von den Autoren sorgfältig recherchiert und vom Verlag auf Stimmigkeit und Aktualität geprüft. Allerdings kann keine Haftung für die Richtigkeit der Informationen übernommen werden. Für Hinweise und Anregungen sind wir dankbar. Zuschriften an den: Bruckmann Verlag, Produktmanagement, Postfach 80 02 40, D-81602 München,
E-Mail: lektorat@bruckmann.de
Produktmanagement: Joachim Hellmuth
Textlektorat: Beate Brammertz
Graphische Gestaltung: Werner Poll, München
Herstellung: Bettina Schippel
Repro: Repro Ludwig, Zell am See
Printed and bound in Slovenia by MKT Print, Ljubljana
Die Deutsche Nationalbibliothek – CIP-Einheitsaufnahme

ISBN 978-3-7654-4866-9